Polyglott-Sprachführer

Dänisch

Polyglott-Verlag München

ERKLÄRUNG DER WICHTIGSTEN AUSSPRACHEZEICHEN

(Internationale Lautschrift)

[ɑ]	wie a in *Vater*
[ɣ]	wie ein sehr leichtes stimmhaftes *ch* in *ach* ohne Kratzgeräusch
[ɛ]	wie e in *nett*
[ə]	wie e in *bitte*
[ɔ]	wie o in *offen*
[ʌ]	nur noch offener als o in *offen*
[ð]	stimmhafter Lispellaut, wie th im englischen *the*
[ŋ]	wie ng in *singen*
[ʁ]	flüchtiges r, wie er in *Vater*
[ː]	= der vorhergehende Selbstlaut wird lang gesprochen.
[ˈ]	= die folgende Silbe wird betont.

AUSSPRACHE DES DÄNISCHEN

Die dänische Orthographie ist im wesentlichen historisch und gibt die heutige Aussprache nur unvollkommen wieder. Viele Wörter lassen sich jedoch mit den folgenden Hinweisen richtig aussprechen:

å (oder *aa*) wie o in Nord

æ, *æ* wie ä

ø wie ö

ai, *ej*, *øj* wie ai, ei, eu

ch ungefähr wie sch, in *Christian* wie k

d zwischen Vokalen und im Auslaut wie engl. *th* in *the*, vor *s* und *t* und nach *l*, *n* und *r* meist stumm

g zwischen Vokalen häufig wie der stimmhafte Reibelaut g in norddeutsch Wagen

gj wie j

hj, *hv* wie j und w

s wie ß in naß

v wie w

y wie ü

egn, *ogn* wie ä-in, o-un

Nicht aufgeführte Buchstaben werden wie im Deutschen ausgesprochen

★

Bearbeiter: Svend Jørgensen

★

Auflage: 11. 10. 9. | Letzte Zahlen
Jahr: 1979 78 | maßgeblich

Printed in Germany / Druckhaus Langenscheidt, Berlin
Umschlag: Prof. Richard Blank

Schloß Kronborg am Øresund

Jeg forstår desværre ikke tysk ...

„Ich kann leider kein Deutsch ...“ – das werden Sie auf Ihrer Dänemarkreise gewiß oft zu hören bekommen, wenn Sie versuchen, sich auf Deutsch zu verständigen. Dieser kleine Sprachführer soll Ihnen helfen, diese Schwierigkeit auch ohne Vorkenntnisse überwinden zu können. Wir haben uns bemüht, auf engem Raum und in übersichtlicher Form alles dafür Nötige unterzubringen und alles Überflüssige fortzulassen. (So werden Sie z. B. vergeblich die dänischen Bezeichnungen für manche Gegenstände, Körperteile a. ä. suchen, auf die Sie jederzeit leicht mit der Hand zeigen können.)

Zunächst einige Hinweise für die Benutzung des Heftes in der Praxis:

1. Mit Hilfe der *Bildsymbole* auf den Seiten 1 und 32 finden Sie mühelos das gesuchte Kapitel, ohne auf Seitenzahlen achten zu müssen.

2. Auf den zwei folgenden Seiten finden Sie einige ganz knapp gefaßte Erläuterungen zu *Grammatik* und *Aussprache*, die Sie schon vor Ihrer Reise studieren können.

3. Die dreizehn, nach Sachgebieten geordneten Einzelkapitel nehmen jeweils zwei sich gegenüberliegende Seiten ein. Dabei finden Sie im allgemeinen auf der *linken* Seite die wichtigsten Fragen, Antworten und anderen Sätze, auf der *rechten* Seite (alphabetisch geordnet) die wichtigsten Wörter und in einem *Kasten* einige häufig vorkommende Auf- und Inschriften.

4. Zwecks Platzerparnis haben wir oft mehrere Sätze zusammengefaßt und dabei die auszutauschenden Wörter oder Satzteile durch *Kursivdruck* gekennzeichnet. Ein Beispiel: „Haben Sie nichts *Billigeres (Besseres)?* = Har De ikke noget *billigere (bedre)*?“ Das bedeutet: „Haben Sie nichts Billigeres?‘, heißt „Har De ikke noget billigere?“, und „Haben Sie nichts Besseres?“ heißt „Har De ikke noget bedre?“

5. Mit einem * sind die Fragen und Antworten bezeichnet, die Sie von einem Dänen hören werden.

Und nun wünschen wir: *God rejse!* Angenehme Reise!

Ein bißchen Grammatik ...

Ehe Sie mit diesem Sprachführer auf die Reise gehen, sollten Sie sich zumindest einige Grundregeln der dänischen Grammatik einprägen, damit Sie dann die gewünschten Sätze selbst bilden können. Das Wichtigste in Kürze:

Geschlecht

Im Dänischen unterscheidet man nur zwei Geschlechter: Das „gemeinsame" (männlich und weiblich) und das sächliche.

Geschlechtswörter und Hauptwörter (Artikel und Substantive). Der bestimmte Artikel wird angehängt und heißt für die Einzahl des gemeinsamen Geschlechts *-(e)n*, für die Einzahl des sächlichen *-(e)t*. In der Mehrzahl lautet der Artikel *-ne* für die Wörter der beiden Geschlechter. Bei Verbindung des Hauptwortes mit einem Eigenschafts-, Zahl- oder Mittelwort wird der bestimmte Artikel vorgestellt und heißt für die Einzahl des gemeinsamen Geschlechts *den*, z. B. *den store gård* (der große Hof), für die Einzahl des sächlichen Geschlechts *det*, z. B. *det store hus* (das große Haus) und für die Mehrzahl der beiden Geschlechter *de*, z. B. *de store skove* (die großen Wälder). Der unbestimmte Artikel wird vorgestellt und heißt *en*, *et*. Die Mehrzahlformen der Hauptwörter werden in den Wörterlisten neben der bestimmten Form an zweiter Stelle gegeben, vgl. S. 11: Auto bil, *-en* bilen (das Auto), *-er* biler (Autos), *bilerne* (die Autos).

Eigenschaftswörter (Adjektive)

Die Formen des Eigenschaftswortes werden von dem dazugehörigen Hauptwort und der Art des Artikels bestimmt; z. B. *en stor gård* (ein großer Hof); *den store gård* (der große Hof); *et stort hus* (ein großes Haus); *det store hus* (das große Haus); *de store skove* (die großen Wälder). Die Steigerung geschieht 1. durch Anhängung der Endung *-(e)re* und *-(e)st*; 2. durch Vorsetzen von *mere* (mehr) und *mest* (meist); nach dieser Steigerungsart gehen die Eigenschaftswörter auf *-en*, *-et*, *-sk* und die Mittelwörter.

Fürwörter (Pronomen)

Persönlich: *jeg* (ich), *du* (du), *De* (Sie), *han* (er), *hun* (sie), *den* (er, sie), *det* (es), *vi* (wir), *I* (ihr), *de* (sie); besitzanzeigend: *min, mit, mine* (mein), *din, dit, dine* (dein), *hans hendes, dens, dets, deres* (sein, ihr, sein, ihr); rückbezüglich: *sin, sit, sine* (sein, ihr); bezüglich: *der, som* (der, die, das, die); *hvilken, hvilket, hvilke* (welcher, welche, welches, welche); fragend: *hvem* (wer), *hvad* (was); hinweisend: *den, det, de* (der, die, das, die), *denne, dette, disse* (dieser, diese, dieses, diese).

Zeitwörter (Verben)

Die Zeitwörter haben eine schwache und eine starke Beugung (Konjugation). Sie werden hier in Nennform, Gegenwart, Vergangenheit und Mittelwort angeführt. In der schwachen Beugung bleibt der Stammvokal des Zeitwortes erhalten, wird aber in der starken Beugung geändert. Die Endungen sind in den drei Personen (Einzahl und Mehrzahl) dieselben; sie werden dem Stamm des Wortes angehängt und lauten: Nennform *-e*, Gegenwart *-(e)r*, Vergangenheit *-ede* oder *-te* (in der schwachen Beugung) und Mittelwort *-(e)t*; z. B. *handle, handler, handlede, handlet* (handeln); *købe, køber, købte, købt* (kaufen). Von den Zeitwörtern der starken Beugung können wir nur einige Beispiele geben:

bede, beder, bad, bedt (bitten);
drikke, drikker, drak, drukket (trinken);
finde, finder, fandt, fundet (finden);
flyve, flyver, fløj, fløjet (fliegen);
få, får, fik, fået (bekommen);
give, giver, gav, givet (geben);
gå, går, gik, gået (gehen);
hedde, hedder, hed, heddet (heißen);
komme, kommer, kom, kommet (kommen);
ligge, ligger, lå, ligget (liegen);
se, ser, så, set (sehen);
sidde, sidder, sad, siddet (sitzen);
skrive, skriver, skrev, skrevet (schreiben);
sove, sover, sov, sovet (schlafen);
stå, står, stod, stået (stehen);
tage, tager, tog, taget (nehmen);
vide, ved, vidste, vidst (wissen).

Die Modalverben sind:

burde, bør, burde, burdet (müssen);
kunne, kan, kunne, kunnet (können);
måtte, må, måtte, måttet (dürfen od. müssen);
skulle, skal, skulle, skullet (sollen od. müssen);
turde, tør, turde, turdet (wagen od. dürfen);
ville, vil, ville, villet (wollen).

Die Hilfsverben sind:

have, har, havde, haft (haben);
være, er, var, været (sein);
blive bliver, blev, blevet (werden).

Man beachte:

ist gewesen heißt auf Dänisch *har været*.

Passiv bildet sich in zwei Weisen:

1. Durch die „s-Form", z. B. *købes* (gekauft werden). Die Endung *-(e)s* ersetzt in Gegenwart die Aktiv-Endung *-(e)r*, wird aber in den anderen Formen und Zeiten den Aktiv-Endungen angehängt.

2. Durch Umschreibung mit *blive* (werden); z. B. *blive købt* (gekauft werden).

... *und einiges über die Aussprache*

In diesem Sprachführer finden Sie auf jeder Seite in der dritten Spalte jeweils die Aussprache angegeben. An die dafür benutzte internationale Lautschrift werden Sie sich zunächst gewöhnen müssen. Doch Sie werden bald merken, daß sie Ihnen die Aussprache sehr erleichtert, wenn Sie sich die Bedeutung der Zeichen eingeprägt haben.

Die Vokale

[a] sehr helles a; im Deutschen nicht vorhanden

[ɑ] tiefes a, wie in *Vater*

[ɛ] offenes e (ä), wie in *nett, fällen*

[æ] ganz offenes ɛ, wie in *gern*, in norddeutscher dialektischer Aussprache

[e] geschlossenes e, wie in *Telefon*

[ə] flüchtiges e, wie in *bitte*

[i] geschlossenes i, wie in *Minute*

[o] geschlossenes o, wie in *Ofen*

[ɔ] offenes o, wie in *offen*

[ʌ] sehr offenes o; im Deutschen nicht vorhanden

[u] geschlossenes u, wie in *du*

[y] geschlossenes ü, wie in *für*

[ø] geschlossenes ö, wie in *böse*

[œ] offenes ö, wie in *öffnen*

Die Halbvokale werden durch einen liegenden Bogen bezeichnet: [i̯], [ŭ].

Die Konsonanten

[b], [d], [f], [g], [h], [j], [k], [l], [m], [n], [p], [t] entsprechen den deutschen Lauten.

[ð] stimmhafter Lispellaut, wie *th* im englischen *the*

[ɣ] wie *w* in englisch *water* oder fast wie ein ganz kurzes *u* in *Statue*.

[ŋ] wie *ng* in *Finger*

[ʀ] Zäpfchen-r, wie in *rein*

[ʁ] flüchtiges r, oft durch voraufgegangenen Selbstlaut vokalisiert

[s] stimmloses s, wie in *Wasser, Fuß*

[v] wie *w* in *Wasser*

Besondere Zeichen

[ː] langer Vokal

[ˀ] Stoßton, Stimmbandverschluß, dadurch hervorgebracht, daß die Stimmbänder den Luftstrom kurz unterbrechen; vgl. im Deutschen „Verein" [fɛʁˈˀaɪn] (nicht [fɛʁˈʀaɪn])

[ˈ] steht vor der betonten Silbe

Das Wichtigste in Kürze

Guten Morgen.	Godmorgen.	goˈmʌːʁn
Guten Tag.	Goddag.	goˈdaːˀ
Guten Abend.	Godaften.	goˈɑfdən
Gute Nacht.	Godnat.	goˈnat
Auf Wiedersehen.	Farvel.	fɑˈvɛl
Wann *ist (sind)* ... geöffnet?	Hvornår **er** ... *åben (åbne)*?	vʌʁˈnʌːˀʁ æʁ ... ˈɔːbən (ˈɔːbnə)
Wann wird (werden) ... geschlossen?	Hvornår lukker De?	vʌʁˈnʌːˀʁ ˈlogəʁ di
Wie komme ich *nach (zum, zur)* ...?	Hvordan kommer jeg *til* ...?	vʌʁˈdan ˈkʌməʁ jə te
Wie lange wird es dauern?	Hvor længe varer det?	vʌʁ ˈlɛŋə ˈvɑːʀəʁ de
Wie weit ist es *nach (zum, zur)* ...?	Hvor langt er der *til* ...?	vʌʁ ˈlɑŋˀd æʁ dæʁ te
Wo bekomme ich ...?	Hvor kan jeg få ...?	vʌːˀʁ ka jə fɔːˀ
Geben Sie mir bitte ...!	Jeg ville gerne have ...	jə ˈvilə ˈgæʁnə haːˀ
Gibt es hier ...?	Er der ... her?	æʁ dæʁ ... heːˀʁ
Ich brauche ...	Jeg skal bruge ...	jə sga ˈbʀuːɣə
Ich möchte ...	Jeg ville gerne have ...	jə ˈvilə ˈgæʁnə haːˀ
Haben Sie ...?	Har De ...?	hɑːˀʁ di
Wieviel bekommen Sie?	Hvor meget vil De have?	vʌʁ ˈmɑĭəð ve di haːˀ
Wieviel kostet das?	Hvor meget koster det?	vʌʁ ˈmɑĭəð ˈkʌsdəʁ de
Das gefällt mir.	Det synes jeg om.	ˈde ˈsyːnəs jə ʌmˀ
Das gefällt mir nicht.	Det synes jeg ikke om.	ˈde ˈsyːnəs jə ˈegə ʌmˀ
Das ist zu teuer.	Det er for dyrt.	de æʁ fʌʁ ˈdyːˀʁt
Haben Sie nichts *Billigeres (Besseres)*?	Har De ikke noget *billigere (bedre)*?	ˈhɑːˀʁ di ˈegə nɔːəð ˈbiliːɣəʀə (ˈbɛðʀə)
Wann ist es fertig?	Hvornår er det færdigt?	vʌʁˈnʌːˀʁ æʁ de ˈfæːʁdit
Können Sie wechseln?	Kan De veksle?	ka di ˈvɛgslə
Wie heißt das auf *Deutsch (Dänisch)*?	Hvad hedder det på *tysk (dansk)*?	va ˈheðˀəʁ de pɔ ˈtysk (ˈdansk)
Wieviel Uhr ist es?	Hvad er klokken?	va æʁ ˈklʌgən
Ich spreche kein ...	Jeg taler ikke ...	jə ˈtaːˀləʁ ˈegə
Ich verstehe Sie nicht.	Jeg forstår Dem ikke.	jə fʌʁˈsdʌːˀʁ dɛm ˈegə
Sprechen Sie bitte etwas langsamer!	Vær så venlig at tale lidt langsommere!	vɛːˀʁ sʌ vɛnli ʌ ˈtaːlə let ˈlɑŋsʌmˀəʀə
Wie spricht man dieses Wort aus?	Hvordan udtaler man dette ord?	vʌʁˈdan ˈuðtaːˀləʁ man ˈdɛtə oːˀʁ
Schreiben Sie das bitte auf!	Vær så venlig **at** skrive det op!	vɛːˀʁ sʌ ˈvɛnli ʌ sgʀiːvə de ˈʌp
Ja / Nein.	Ja / nej.	ja / nɑĭːˀ
Danke.	Tak.	tɑk
Verzeihung!	Om forladelse!	ʌm fʌʁˈlaːˀðəlsə
Entschuldigen Sie!	Undskyld!	ˈɔnsgylˀ
Keine Ursache.	Ingen årsag.	ˈeŋən ˈʌːʁsaːˀɣ

Sonntag / Montag	søndag / mandag	ˈsœnˀda / ˈmanˀda
Dienstag / Mittwoch ...	tirsdag / onsdag	ˈtiːˀʁsda / ˈɔnˀsda
Donnerstag / Freitag ...	torsdag / fredag	ˈtʌːˀʁsda / ˈfʀeːˀda
Sonnabend (Samstag) ..	lørdag	ˈlœʁda
Feiertag / Ostern	helligdag / påske	ˈhɛlidaːˀ / pɔːsgə
Pfingsten / Weihnachten	pinse / jul	ˈpensə / juːˀl

Januar / Februar	januar / februar	'janua:ˀʁ / 'febʀua:ˀʁ
März / April	marts / april	ma:ʁts / a'pʀi:ˀl
Mai / Juni	maj / juni	mai:ˀ / 'ju:ˀni
Juli / August	juli / august	'ju:ˀli / aŭ'gɔst
September / Oktober	september / oktober	sɛp'tɛmˀbɔʁ / ɔg'to:ˀbɔʁ
November / Dezember	november / december	no'vɛmˀbɔʁ / de'sɛmˀbɔʁ
heute / gestern	idag / igår	i'da:ˀ / i'gʌ:ˀʁ
morgen / übermorgen	i morgen / i overmorgen	i'mʌ:ʁn / i'ʌŭˀɔʁmʌ:ʁn
heute früh	i morges	i 'mʌ:ʁs
heute *nachmittag (abend)*	i *eftermiddag (aften)*	i 'ɛfdɔʁmeda:ˀ ('ɑfdən)
gestern *nachmittag (abend)*	igår *eftermiddags (aftes)*	i'gʌ:ˀʁ 'ɛfdɔʁmeda:ˀs ('ɑfdəs)
morgen *mittag (abend)*	i morgen *middag (aften)*	i'mʌ:ʁn 'meda ('ɑfdən)
vormittags	om formiddagen	ʌm 'fʌ:ʁmeda:ˀən
nachmittags	om eftermiddagen	ʌm 'ɛfdɔʁmeda:ˀən
um *Mittag (Mitternacht)*	klokken tolv *middag (midnat)*	klʌgən'tʌlˀ'meda ('miðnat)
***diese (nächste)* Woche**	*denne (næste)* uge	'dɛnə ('nɛsdə) u:ɣə
in drei *Tagen (Wochen)*	om tre *dage (uger)*	ʌm tʀe:ˀ da:ɣə (u:ɣɔʁ)
um 11 Uhr	klokken elleve	klʌgən 'ɛ:lvə
um 17 Uhr	klokken sytten	klʌgən 'sødən
um Viertel vor (nach) 11	en kvart *i (over)* elleve	en 'kvɑ:ʁt i (ʌŭɔʁ) 'ɛ:lvə
um 12 Uhr	klokken tolv	klʌgən 'tʌlˀ
12 Uhr 30	klokken tolv tredive	klʌgən 'tʌlˀ 'tʀæðvə
hell / dunkel / farblos	lys / mørk / farveløs	ly:ˀs / mœʁk / 'fɑ:ʁvəlø:ˀs
blau / braun / gelb	blå / brun / gul	blɔ:ˀ / bʀu:ˀn / gu:ˀl
grün / rosa / grau	grøn / rosa / grå	gʀœnˀ / 'ʀo:sa / gʀɔ:ˀ
rot / schwarz / weiß	rød / sort / hvid	ʀødˀ / soʁt / viðˀ
die Hälfte / ein Drittel	halvdelen / en tredjedel	'halde:ˀlən / en 'tʀæðjəde:ˀl
ein Viertel	en fjerdedel	en 'fjæ:ʀəde:ˀl
ein Zehntel	en tiendedel	en 'ti:ˀənəde:ˀl
Sekunden / Minuten	sekunder / minutter	se'kɔnˀdɔʁ / mi'nudɔʁ
Stunden / Tage	timer / dage	'ti:mɔʁ / 'da:ɣə
Wochen / Monate	uger / måneder	'u:ɣɔʁ / 'mɔ:nəðɔʁ
Jahre / Jahrhunderte	år / århundreder	ʌ:ˀʁ / ʌ:ʁ'hunʀəðɔʁ
Deutsche Mark	tyske mark	'tysgə mɑ:ʁkˀ

Zahlen

1	en, et	e:ˀn, et
2	to	to:ˀ
3	tre	tʀe:ˀ
4	fire	'fi:ʀə
5	fem	fɛmˀ
6	seks	sɛks
7	syv	syŭˀ
8	otte	'ɔ:tə
9	ni	ni:ˀ
10	ti	ti:ˀ
11	elleve	'ɛlvə
12	tolv	tʌlˀ
13	tretten	'tʀædən
14	fjorten	'fjo:ʁdən
15	femten	'fɛmdən
16	seksten	'saisdən
17	sytten	'sødən
18	atten	'adən
19	nitten	'nedən
20	tyve	'ty:və
21	enogtyve	'e:ˀnʌ'ty:və
22	toogtyve	'to:ˀʌ'ty:və
30	tredive	'tʀæðvə
40	fyrre	'fœʁʀə
50	halvtreds	hal'tʀes
60	tres	tʀes
70	halvfjerds	hal'fjæʁs
80	firs	fi:ˀʁs
90	halvfems	hal'fɛmˀs
100	hundrede	'hunʀəðə
110	hundredeogti	hunʀəðə ʌ'ti:ˀ
200	to hundrede	to:ˀ hunʀəðə
1 000	tusind	'tu:ˀsən
2 000	to tusind	'to:ˀ tu:ˀsən
10 000	ti tusind	'ti:ˀ tu:ˀsən
100 000	hundredetusind	'hunʀəðətu:ˀsən

Einmal zweiter Klasse einfach nach ... bitte!	Kan jeg få en enkeltbillet på anden klasse til ...?	ka jə 'fɔːˀ en 'ɛŋˀkəltbi'lɛt pə 'anən 'klasə te
Wie lange ist die Karte gültig?	Hvor længe gælder billetten?	vʌʁ 'lɛŋə 'gɛlˀəʁ bi'lɛdən
Welches ist die beste Verbindung nach ...?	Hvilken er den bedste forbindelse til ...?	'velkən æʁ dɛn 'bɛsdə fʌʁ'benˀəlsə te
Gibt es einen schnelleren *Zug (Dampfer)*?	Er der et hurtigere *tog (skib)*?	æʁ dæʁ et 'hoːʁdiyəʀə tɔːˀy (sgiːˀb)
Wo muß ich umsteigen?	Hvor skal jeg skifte?	'vʌːˀʁ sga jə 'sgefdə
Wann habe ich Anschluß nach ...?	Hvornår har jeg forbindelse til ...?	vʌʁ 'nʌːˀʁ hɑʁ jə fʌʁ'benˀəlsə te
Hält der Zug in ...?	Holder toget i ...?	'hʌlˀəʁ 'tɔːˀyət i
Wann muß ich *an Bord (auf dem Flugplatz)* sein?	Hvornår skal jeg være *ombord (på flyvepladsen)*?	vʌʁ'nʌːˀʁ sga jə 'vɛːʀə ʌm'boːˀʁ (pə 'flyːvəplasən)
Auf welchem Bahnsteig fährt der Zug nach ... ab?	Fra hvilken perron afgår toget til ...?	fʀɑ 'velkən pæʁ'ʀʌŋ 'ɑŭgʌːˀʁ 'tɔːˀyət te
Wo fährt der Zug nach ... ab?	Hvorfra afgår toget til ...?	'vʌːˀʁfʀɑːˀ 'ɑŭgʌːˀʁ 'tɔːˀyət te
Wo kommt der Zug aus ... an?	Hvor ankommer toget fra ...?	vʌːˀʁ 'ankʌmˀəʁ 'tɔːˀyət fʀɑ
Wann läuft der Zug nach ... ein?	Hvornår kommer toget mod ...?	vʌʁ'nʌːˀʁ 'kʌmˀəʁ 'tɔːˀyət moð
Wie lange hat der Zug Aufenthalt?	Hvor længe holder toget?	vʌʁ 'lɛŋə 'hʌlˀəʁ 'tɔːˀyət
Wohin fährt dieser Zug?	Hvor kører dette tog hen?	'vʌːˀʁ køːʀəʁ 'dɛtə tɔːˀy 'hɛn
Woher kommt dieser Dampfer?	Hvorfra kommer denne båd?	'vʌːˀʁfʀɑːˀ 'kʌmˀəʁ dɛnə bɔːˀð
Wann kommen wir in ... an?	Hvornår ankommer vi til ...?	vʌːˀʁ'nʌːˀʁ 'ankʌmˀəʁ vi te
Hat der Zug Verspätung?	Er toget forsinket?	æʁ 'tɔːˀyət fʌʁ'seŋˀkət
Hat der Zug einen *Speisewagen (einen Schlafwagen, einen Kurswagen nach ...)*?	Er der *spisevogn (sovevogn, en gennemgående vogn til ...)* i toget?	æʁ dæʁ 'sbiːsəvʌŭˀn ('sʌŭəvʌŭˀn, en 'gɛnəmgɔːˀənə vʌŭˀn te...) i tɔːˀyət
Ich möchte *meinen (meine)* Koffer als Reisegepäck aufgeben.	Jeg ville gerne indskrive *min kuffert (mine kufferter)* som rejsegods.	jə vilə 'gæʁnə 'ensgʀiːˀvə min 'kɔfəʁt (miːnə 'kɔfəʁdəʁ) sʌm 'ʀɑisəgɔs
Holen Sie bitte mein Gepäck!	Vær så venlig at hente min bagage!	vɛːˀʁ sʌ 'vɛnli ʌ 'hɛndə min ba'gaːsjə
Bringen Sie mein Gepäck *zum Zug nach ... (auf Bahnsteig ..., zur Aufbewahrung)*!	Vær så venlig at bringe min bagage *til toget til ... (til perron ..., til garderoben)*!	vɛːˀʁ sʌ 'vɛnli ʌ 'brɛŋə min ba'gaːsjə te 'tɔːˀyət te ... (te pæ'ʀʌŋ ..., te gɑːʁdə'ʀoːbən)
Verzeihung, ist dieser Platz besetzt?	Undskyld, er denne plads optaget?	'ɔnsgylˀ, æʁ 'dɛnə plas 'ʌbtaːˀəð
Dies ist mein Platz.	Det er min plads her.	de æʁ 'miːˀn plas hɛːˀʁ
Angenehme Reise!	God rejse!	'goːˀð 'ʀɑisə
***Einsteigen!**	De rejsende bedes tage plads!	di 'ʀɑisənə 'beːðəs ta 'plas

Abfahrt	afgang, -en, -e	'aŭgaŋˀ
Abteil	kupé, -en, -er	ku'peːˀ
Ankunft	ankomst, -en, -er	'ankʌmˀst
Anschluß	forbindelse, -n, -r	fʌʁ'benˀəlsə
Aufenthalt	ophold, -et, -	'ʌphʌlˀ
Autobus	bus, -sen, -ser	bus
Bahnhof	station, -en, -er	sda'sjoːˀn
Bahnhofsvorsteher	stationsforstander, -en, -e	sda'sjoːˀnsfʌːʁsdanəʁ
Bahnsteig	perron, -en, -er	pæʁ'ʀʌŋ
Bahnsteigkarte	perronbillet, -ten, -ter	pæʁ'ʀʌŋbi'lɛt
Bettkarte	sovevognsbillet, -ten, -ter	'sʌŭəvʌŭnsbi'lɛt
Dampfer	damper, -en, -e	'dɑmbəʁ
Doppelbettabteil	dobbeltkupé, -en, -er	'dʌbəltku'peːˀ
Eckplatz	hjørneplads, -en, -er	'jœːʁnəplas
Einbettabteil	enkeltkupé, -en, -er	'ɛŋˀkəltku'peːˀ
Erster Klasse	første klasse	'fœːʁsdə 'klasə
Fahrkarte	billet, -ten, -ter	bi'lɛt
Fahrkartenausgabe	billetsalg, -et, -	bi'lɛdsalˀɣ
Fahrplan	køreplan, -en, -er	'køːʀəplaːˀn
Fensterplatz	vinduesplads, -en, -er	'vendusplas
Fernschnellzug	fjerntog, -et, -	'fjæʁntɔːˀɣ
Flugplatz	flyveplads, -en, -er	'flyːvəplas
Flugzeug	flyvemaskine, -n, -r	'flyːvəma'sgiːnə
Gepäck	bagage, -n	ba'gaːsjə
Gepäckabfertigung	rejsegodsindlevering, -en, -er	'ʀɑĭsəgəs'enle'veˀʀeŋ
Gepäckaufbewahrung	garderobe, -n, -r	gɑːʁdə'ʀoːbə
Gepäckschein	rejsegodsbevis, -et, -er	'ʀɑĭsəgəsbe'viːˀs
Gepäckträger	drager, -en, -e	'dʀɑːɣəʁ
Gepäckversicherung	rejsegodsforsikring, -en, -er	'ʀɑĭsəgəsfʌ'segʀeŋ
Gepäckwagen	rejsegodsvogn, -en, -e	'ʀɑĭsəgəsvʌŭˀn
Kabine	kahyt, -ten, -ter	ka'hyt
Kinderfahrkarte	børnebillet, -ten, -ter	'bœʁnəbi'lɛd
Kursbuch	køreplan, -en, -er	'køːʀəplaːˀn
Motorboot	motorbåd, -en, -e	'moːtʌʁbɔːˀð
Personenzug	persontog, -et, -	pæʁ'soːˀntɔːˀɣ
Platzkarte	pladsbillet, -ten, -ter	'plasbi'lɛd
Reisebüro	rejsebureau, -et, -er	'ʀɑĭsəby'ʀoː
Reisebus	turistbus, -sen, -ser	tu'ʀistbus
Reisekissen	rejsepude, -n, -r	'ʀɑĭsə'puːðə
Rückfahrkarte	returbillet, -ten, -ter	ʀɛ'tuːˀʁbi'lɛd
Schaffner	konduktør, -en, -er	kʌndɔk'tøːˀʁ
Schlafwagen	sovevogn, -en, -e	'sʌŭəvʌŭˀn
Schnellzug	eksprestog, -et, -	ɛgs'pʀæstɔːˀɣ
Speisewagen	spisevogn, -en, -e	'sbiːsəvʌŭˀn
Zug	tog, -et, -	tɔːˀɣ
Zuschlag erster Klasse	tillæg til første klasse	'telɛg te 'fœʁsdə 'klasə

BILLETTER	**Fahrkarten**	NØDBREMSE	**Notbremse**
DAMER	**Damen**	NØDUDGANG	**Notausgang**
FRI	**Frei**	OPTAGET	**Besetzt**
GARDEROBE	**Gepäck**	RYGERE	**Raucher**
HERRER	**Herren**	TOILETTER	**Toiletten**
IKKE-RYGERE	**Nichtraucher**	VENTESAL	**Wartesaal**
INDGANG	**Eingang**		

Auf fremden Straßen und Wegen

Welches ist der *kürzeste (beste)* Weg nach ...?	Hvilken er den *korteste (bedste)* vej til ...?	ˈvelkən æʁ dɛn ˈkʌːʁdəsdə (ˈbɛsdə) vɑɪˀ te
Wie viele *Kilometer (Minuten)* sind es *bis (nach)* ...?	Hvor mange *kilometer (minutters vej)* er der til ...?	vʌʁ ˈmɑŋə kiloˈmeːˀdəʁ (miˈnudəʁs vɑɪˀ) æʁ dæʁ te
Führt diese Straße nach (zum, zur) ...?	Fører denne gade *til* ...?	ˈføːʀəʁ ˈdɛnə ˈgaːðə te
Wie komme ich *zur Burg (zur Kathedrale, zur ... Kirche, zum Marktplatz, zum Rathaus, zum Schloß)*?	Hvordan kommer jeg til *borgen (domkirken, ... kirken, torvet, rådhuset, slottet)*?	vʌʁˈdan kʌmˀəʁ jə te ˈbʌːˀʁyən (ˈdʌmkiʁgən, ... kiʁgən, ˈtʌːˀʁvəð, ˈʀʌðhuːˀsəð, ˈslʌtəð
Wo ist *die Altstadt (das deutsche Konsulat, die Gemäldegalerie, das Museum, der Park)*?	Hvor er *den gamle bydel (det tyske konsulat, malerisamlingen, museet, parken)*?	vʌːˀʁ æʁ dɛn ˈgɑmlə ˈbydeːˀl (de ˈtysgə kʌnsuˈlaːˀt, maːləˈʀisɑmleŋˀən, muˈsɛːəð, ˈpɑʁkən)
Wo ist *der (die, das)* nächste ...?	Hvor er nærmeste ...?	ˈvʌːˀʁ æʁ ˈnæʁməsdə
Welche Sehenswürdigkeiten gibt es hier?	Hvilke seværdigheder er der her?	ˈvelkə seˈvæʁˀdiheðˀəʁ æʁ dæʁ ˈheːˀʁ
Wann ist die nächste Führung?	Hvornår er den næste omvisning?	vʌʁˈnʌːˀʁ æʁ dɛn ˈnɛsdə ˈʌmviːˀsneŋ
Zeigen Sie mir das bitte auf der Karte!	Vil De vise mig det på kortet?	ve di ˈviːsə mɑɪ de pɔ ˈkʌːʁdəð
Wie weit ist es zu Fuß *nach (zum, zur)* ...?	Hvor lang tid tager det at gå *til* ...?	vʌʁ ˈlɑŋˀ tiðˀ tɑːˀʁ de ʌ ˈgɔːˀ te
Fährt *ein Autobus (ein Dampfer, eine Straßenbahn)* nach ...?	Går der *bus (båd, sporvogn)* til ...?	gʌʁ dæʁ ˈbus (ˈbɔːˀð, ˈsboʁvʌŭˀn) te
Bitte einen Fahrschein nach ...!	Kan jeg få en billet til ...?	ka ja ˈfɔːˀ en biˈlɛd te
Wann fährt die nächste Straßenbahn nach ...?	Hvornår kører næste sporvogn til ...?	vʌʁˈnʌːˀʁ køːʀəʁ ˈnɛsdə ˈsboʁvʌŭˀn te
Wieviel kostet die Fahrt nach ...?	Hvor meget koster rejsen til ...?	vʌʁ ˈmɑɪəð kʌsdəʁ ˈʀɑɪsən te
Sagen Sie mir bitte, wann ich *aussteigen (umsteigen)* muß!	Vil De venligst sige mig, hvornår jeg skal *af (skifte)*?	ve di ˈvɛnlist ˈsiːyə mɑɪ, vʌʁˈnʌːˀʁ jə sga ˈaːˀ (ˈsgefdə)
Wie heißt dies ...?	Hvad hedder det her ...?	ˈva heðəʁ de heːˀʁ
Bitte tanken Sie voll mit ...!	Kan jeg få fyldt op med ...?	ka jə fɔ fyld ˈʌp mɛ
Ich möchte 18 Liter.	Jeg ville gerne have 18 liter.	jə vilə ˈgæʁnə haːˀ ˈadən ˈlidəʁ
Darf man hier fotografieren?	Må man fotografere her?	mɔ man fotogʀɑˈfeːˀʀə ˈheːˀʁ
Darf man hier zelten?	Må man slå telt op her?	mɔ man slɔ ˈtɛlˀd ʌp heːˀʁ
***Sie sind auf dem *richtigen (falschen)* Weg.**	Det er den *rigtige (forkerte)* vej.	de æʁ dɛn ˈʀegdiə (fʌʁˈkeːˀʁdə) vɑɪˀ
***Sie müssen geradeaus *fahren (gehen)*.**	De skal *køre (gå)* ligeud.	di sga køːʀə (gɔ) ˈliːyəudˀ
***Sie müssen nach *links (rechts) fahren (gehen)*.**	De skal *køre (gå)* til *venstre (højre)*.	di sga køːʀə (gɔ) te ˈvɛnsdʀə (ˈhʌɪʀə)
***Hier dürfen Sie nicht *fahren (gehen)*.**	De må ikke *køre (gå)* her.	di mɔ ˈegə ˈkøːʀə (gɔːˀ) ˈheːˀʁ

Auto	bil, -en, -er	biːˀl
Autobahn	motorvej, -en, -e	'moːtʌʁvaĭˀ
Autobus	bus, -sen, -ser	bus
Autopapiere	papirer på bilen	pa'piːˀʀəʁ pɔ biːˀlən
Benzin	benzin, -en	bɛn'siːˀn
Brücke	bro, -en, -er	bʀoːˀ
Dieselöl	dieselolie, -n, -r	'diːˀsəloːljə
Dorf	landsby, -en, -er	'lansbyːˀ
Drahtseilbahn	tovbane, -n, -r	'tʌŭ'baːnə
Fahrrad	cykel, cyklen, cykler	'sykəl
Führerschein	kørekort, -et, -	'køːʀəkʌːʁt
Fußweg	gangsti, -en, -er	'gaŋsdiːˀ
Gebäude	bygning, -en, -er	'bygnəŋ
Haltestelle	holdeplads, -en, -er	'hʌləplas
Hausnummer	gadenummer, -et, -numre	'gaːðənɔmˀəʁ
Kreuzung	gadekryds, -et, -	'gaːðəkʀys
Moped	knallert, -en, -er	'knalˀəʁt
Motorenöl	motorolie, -n, -r	'moːtʌʁoːljə
Motorrad	motorcykel, -cyklen, -cykler	'moːtʌʁsykəl
Motorroller	scooter, -en, -e	'sguːtəʁ
Ort	sted, -et, -er	sdɛð
Parkplatz	parkeringsplads, -en, -er	paʁ'keːˀʀeŋsplas
Reisebüro	rejsebureau, -et, -er	'ʀaĭsəby'ʀo
Seitenstraße	sidegade, -n, -r	'siːðəgaːðə
Stadt	by, -en, -er	byːˀ
Stadtplan	bykort, -et, -	'bykʌːʁt
Stadtrundfahrt	sightseeing, -en	'saĭtsiːeŋ
Straße	gade, -n, -r	'gaːðə
Straßenkarte	vejkort, -et, -	'vaĭkʌʁt
Superbenzin	superbenzin, -en	'suːˀbəʁbɛn'siːˀn
Tankstelle	benzintank, -en, -e	bɛn'siːˀntaŋˀk
Taxi	taxa, -en, -er	'tagsa
U-Bahn	S-bane, -n, -r	'əsbaːnə
Umgebung	omegn, -en, -e	'ʌmaĭˀn
Umweg	omvej, -en, -e	'ʌmvaĭˀ
Vorfahrt	forkørselsret, -ten	'fʌːʁkøːˀʁsəlsʀɛt
Vorort	forstad, -en, -stæder	'fʌːʁsdað

ADGANG FORBUDT	**Kein Zutritt**
AUTOREPARATION	**Autoreparaturwerkstatt**
BENZINTANK	**Tankstelle**
DRIKKEVAND	**Trinkwasser**
ENSRETTET	**Einbahnstraße**
FÆRDSEL FORBUDT	**Verboten**
GENNEMKØRSEL FORBUDT	**Gesperrt**
HOVEDVEJ	**Vorfahrtsstraße**
HØJESTE HASTIGHED	**Höchstgeschwindigkeit**
INDKØRSEL	**Einfahrt**
KØR FORSIGTIGT	**Vorsicht**

KØR LANGSOMT	**Langsam fahren**
LIGEUD	**Geradeaus**
LIVSFARE	**Lebensgefahr**
PRIVAT	**Kein Eingang**
OVERHALING FORBUDT	**Nicht überholen**
PARKERING FORBUDT	**Parkverbot**
PARKERINGSPLADS	**Parkplatz**
STOP	**Halt**
TIL HØJRE	**Nach rechts**
TIL VENSTRE	**Nach links**
UDKØRSEL	**Ausfahrt**
UJÆVN VEJ	**Querrinne**
ÅBEN	**Geöffnet**

Wir haben eine Panne

Ich habe eine Reifenpanne.	Jeg er punkteret.	jə æʁ pəŋ'teːˀʀəð
Ich habe einen Unfall gehabt.	Jeg er kommet til skade.	jə æʁ kʌməð te 'sgaːðə
Ich bin gestürzt.	Jeg væltede.	jə 'vɛldəðə
Mein *Wagen (Motorrad, Fahrrad)* steht ...	Min *vogn (motorcykel, cykel)* står ...	min 'vʌŭˀn ('moːtʌʁsy-kəl, 'sykəl) sdʌːˀʁ
Würden Sie mich ein Stück mitnehmen?	Må jeg køre med et stykke?	mə jə køːʀə 'mɛð et 'sdøgə
Bitte helfen Sie mir!	Vær så venlig at hjælpe mig!	vɛːˀʁ sʌ 'vɛnli ʌ 'jɛlbə maĭ
Verständigen Sie ...!	Kan De forklare ...?	ka di fʌʁ'klɑːˀʀə
Können Sie meinen Wagen abschleppen?	Kan De tage min vogn på slæb?	ka di ta min 'vʌŭˀn pə 'slɛːˀb
Der Motor *setzt aus (springt nicht an).*	Motoren *sætter ud (vil ikke starte).*	'moːtoʀən sɛdəʁ 'uðˀ (ve 'egə 'sdɑːʁdə)
... ist defekt.	Der er noget i vejen med ...	dæʁ æʁ 'nɔːəð i 'waĭˀən mɛ
... muß erneuert werden.	... skal fornyes.	... sga fʌʁ'nyːˀs
Ich weiß nicht, woran es liegt.	Jeg ved ikke, hvad det skyldes.	jə veðˀ 'egə, va de 'sgyləs
Bitte	Vær så venlig at	vɛːˀʁ sʌ 'vɛnli ʌ
– Batterie aufladen.	– oplade batteriet.	'ʌplaːˀðə badə'ʀiːˀəð
– Bremsen nachstellen.	– justere bremserne.	ju'sdeːˀʀə 'bʀɛmsəʁnə
– Bremsen prüfen.	– kontrollere bremserne.	kʌntʀə'leːˀʀə 'bʀɛmsəʁnə
– den Freilauf ölen.	– smøre friløbet.	'smœːʀə 'fʀiløːˀbət
– die Kette *flicken (ölen).*	– *samle (smøre)* kæden.	'sɑmlə ('smœːʀə) 'kɛːðən
– Kühlwasser nachfüllen.	– fylde kølevand på.	'fylə 'køːləvanˀ pɔːˀ
– Kupplung nachsehen.	– efterse koblingen.	'ɛfdəʁseːˀ 'kʌbleŋən
– Lenkung nachsehen.	– efterse styretøjet.	'ɛfdəʁseːˀ 'sdyːʀətʌĭˀəð
– den Ölstand prüfen.	– kontrollere oliehøjden.	kʌntʀə'lerə 'oːljəhʌĭˀdən
– Ölwechsel machen.	– skifte olie.	'sgefdə 'oːljə
– dieses Rad auswechseln.	– udskifte dette hjul.	'uðsgefdə 'dɛdə juːˀl
– die Reifen aufpumpen.	– pumpe ringene.	'pəmbə 'ʀeŋənə
– den Reifen flicken.	– lappe ringen.	'lɑbə 'ʀeŋˀən
– Reifendruck prüfen.	– måle trykket i ringene.	'mɔːlə 'tʀøgəð i 'ʀeŋənə
– die Scheiben putzen.	– pudse ruderne.	'pusə 'ʀuːðəʁnə
– die Sicherungen auswechseln.	– skifte sikringer.	'sgefdə 'segʀeŋˀəʁ
– die Ventile prüfen.	– kontrollere ventilerne.	kʌntʀə'leːˀʀə ven'tiːˀləʁnə
– den Vergaser einstellen.	– indstille karburatoren.	'ensdelə kɑʁbu'ʀɑːtʌʁn
– den Wagen abschmieren.	– smøre vognen.	'smøːʀə 'vʌŭˀnən
– den Wagen waschen.	– vaske vognen.	'vasgə 'vʌŭˀnən
– Zündkerzen erneuern.	– skifte tændrør.	'sgefdə 'tɛnʀøːˀʁ
– Zündkerzen reinigen.	– rense tændrør.	'ʀɛnsə 'tɛnʀøːˀʁ
– Zündung nachstellen.	– kontrollere tændingen.	kʌntrə'leːˀʀə 'tɛneŋˀən

Achse	aksel, -en, -er	'ɑgsəl
Anlasser	selvstarter, -en, -e	'sɛlsdɑːdɐ
Auspuff	udstødningsrør, -et, -	'uðsdøðneŋsʀœːˀɐ
Batterie	batteri, -et, -er	badə'ʀiːˀ
Benzintank	benzintank, -en, -e	bɛn'siːˀntɑŋˀk
Benzinzufuhr	benzintilførsel, -en, -er	bɛn'siːˀntelføːˀɐsəl
Blinkleuchte	blinklys, -et, -	'bleŋklyːˀs
Bremsbelag	bremsebelægning, -en, -er	'bʀæmsəbe'lɛgneŋ
Bremse	bremse, -n, -r	'bʀæmsə
Bremsflüssigkeit	bremsevædske, -n, -r	'bʀæmsə'vɛsgə
Dichtung	pakning, -en, -er	'pɑkneŋ
Düse	mundstykke, -t, -r	'mɔnsdøgə
Ersatzrad	reservehjul, -et, -	ʀɛ'sæɐvəjuːˀl
Ersatzteil	reservedel, -en, -e	ʀɛ'sæɐvədeːˀl
Federung	affjedring, -en, -er	'ɑŭfjeðˀʀeŋ
Fehlzündung	fejltænding, -en, -er	'fɑiltɛneŋ
Gangschaltung	gearskifte, -t, -r	'giɐsgefdə
Gaspedal	gaspedal, -en, -er	'gaspe'daːˀl
Getriebekasten	gearkasse, -n, -r	'giɐkasə
Gewinde	gevind, -et, -	ge'venˀ
Hupe	horn, -et, -	hoːˀɐn
Isolierung	isolering, -en, -er	iso'leːˀʀeŋ
Kabel	kabel, -et, -er	'kaːˀbəl
Kanister	dunk, -en, -e	doŋˀk
Kolbenring	stempelring, -en, -e	'sdɛmˀbəlʀeŋˀ
Kugellager	kugleleje, -t, -r	'kuːləlɑiə
Kühler	køler, -en, -e	'køːlɐ
Kupplung	kobling, -en, -er	'kʌbleŋ
Kupplungsbelag	koblingslameller	'kʌbleŋsla'mɛlɐ
Kurbelwelle	krumtapaksel, -en, -er	'kʀɔmtɑp'ɑgsəl
Lampen	lamper	'lɑmbɐ
Lenkrad	rat, -tet, -	ʀɑt
Lenkung	styring, -en, -er	'sdyːʀeŋ
Lichtmaschine	lysmaskine, -n, -r	'lysma'sgiːnə
Luftpumpe	luftpumpe, -n, -r	'lɔftpɔmbə
Motor	motor, -en, -er	'moːtʌɐ
Öl	olie, -n, -r	'oːljə
Pedal	pedal, -en, -er	pe'daːˀl
Reifen	dæk, -ket, -	dɛk
Reparatur	reparation, -en, -er	ʀɛpɑʀɑ'sjoːˀn
Rückwärtsgang	bakgear, -et, -	'bɑgˀgiːˀɐ
Scheibenwischer	vinduesvisker, -en, -e	'vendusvesgɐ
Scheinwerfer	lygte, -n, -r	'løgdə
Schlauch	slange, -n, -r	'slɑŋə
Schraube	skrue, -n, -r	'sgʀuːə
Schraubenmutter	møtrik, -ken, -ker	'møtʀek
Schraubenschlüssel	skruenøgle, -n, -r	'sgʀuːənʌilə
Speiche	ege, -n, -r	'eːɣə
Stoßdämpfer	støddæmper, -en, -e	'sdøðdɛmbɐ
Tachometer	speedometer, -et, -e	sbido'meːˀdɐ
Ventil	ventil, -en, -er	vɛn'tiːˀl
Vergaser	karburator, -en, -er	kɑɐbu'ʀɑːtʌɐ
Wagenheber	dunkraft, -en, -e	'donkʀɑft
Werkstatt	værksted, -en, -er	'væɐksdɛð
Werkzeug	værktøj, -et, -	'væɐgtʌi
Zylinder	cylinder, -en, -e	sy'lenˀɐ
Zylinderkopfdichtung	topcylinderpakning, -en, -er	'tʌpsy'lenɐ'pɑkneŋ

Wir suchen ein Zimmer

Kennen Sie ein *gutes (billiges)* Hotel?	Kender De et *godt (billigt)* hotel?	ˈkɛnəʁ di et ˈgʌt (ˈbilit) hoˈtɛlˀ
Haben Sie ein *freies (nicht zu teures)* Zimmer?	Har De et *ledigt (ikke for dyrt)* værelse?	ˈhɑːˀʁ di et ˈleːðit (ˈegə fʌʁ ˈdyːˀʁt) ˈvæʀəlsə
***Wir haben nur noch ein Zimmer zu ...**	Vi har kun et værelse tilbage til ...	vi hɑʁ ˈkon et ˈvæːʀəlsə teˈbaːɣə te
***Wir haben nichts frei.**	Vi har ikke noget ledigt.	vi hɑʁ ˈegə ˈnɔːəð ˈleːðit
***Vielleicht wird morgen etwas frei.**	Måske er der noget ledigt imorgen.	mɔˈsgeːˀ æʁ dæʁ ˈnɔːəð ˈleːðit iˈmʌːʁn
Hat es Zweck, daß ich später wiederkomme?	Kan det nytte, at jeg kommer igen senere?	ka de ˈnødə, a jɔ kʌməʁ iˈgɛn ˈseːnəʀə
Wieviel kostet ein Zimmer *mit Vollpension (mit Frühstück)*?	Hvor meget koster et værelse *med fuld pension (med morgenmad)*?	vʌʁ ˈmɑieð ˈkʌsdəʁ et ˈvæʁʀəlsə mɛ ˈfulˀ pɑŋˈsjoːˀn (mɛ ˈmʌːʁnmað)
Mit Frühstück?	Med frokost?	ˈmɛ ˈfʀokʌst
Ohne Frühstück?	Uden frokost?	ˈuːðən ˈfʀokʌst
***Mit (ohne)* Bedienung?**	*Med (Uden)* drikkepenge?	ˈmɛ (ˈuːðən) ˈdʀegəpɛŋə
Haben Sie ein Zimmer mit *Bad (Balkon)*?	Har De et værelse med *bad (altan)*?	ˈhɑːˀʁ ˈdi et ˈvæʁʀəlsə mɛ ˈbað (alˈtaːˀn)
Hat es *fließendes (warmes)* Wasser?	Er der *rindende (varmt)* vand?	æʁ dæʁ ˈʀenənə (ˈvɑːˀʁmt) vanˀ
Kann ich das Zimmer ansehen?	Må jeg se på værelset?	mɔ jə seːˀ pɔ væʁʀəlsət
Ich möchte ein *anderes (billigeres)* Zimmer sehen.	Jeg ville gerne se på et *andet (billigere)* værelse.	jə vilə ˈgæʁnə ˈseːˀ pɔ et ˈanəð (ˈbiliɣəʀə) ˈvæʁʀəlsə
Ich bleibe *eine Nacht (... Tage, ... Wochen)*.	Jeg bliver *en nat (... dage, ... uger)*.	jə ˈbliːˀʁ en ˈnat (... ˈdaːɣə ... ˈuːɣəʁ)
Haben Sie *einen Parkplatz (eine Garage)*?	Har De *parkeringsplads (garage)*?	hɑʁ di pɑʁˈkeːˀʀeŋsplas (gɑˈʀɑːsjə)
Mein Gepäck ist *am Bahnhof (im Auto)*.	Min bagage er *på stationen (i bilen)*.	min baˈgaːsjə æʁ pɔ sdaˈsjoːˀnən (i ˈbiːˀlən)
Kann ich auf dem Zimmer frühstücken?	Kan jeg få morgenmad på værelset?	ka jə fɔ ˈmʌːʁnmað pɔ ˈvæʁʀəlsət
Wann gibt es Frühstück?	Hvornår er der morgenmad?	vʌʁˈnʌːˀʁ æʁ dæʁ ˈmʌːʁnmað
Wie ist hier die Stromspannung?	Hvilken slags strøm har De her?	ˈvelkən slags ˈsdʀœm ˈhɑːˀʁ di ˈhɛːˀʁ
Ist Post für mich da?	Er der post til mig?	æʁ dæʁ ˈpʌst te ˈmɑi
Ich bin in *einer Stunde (zwei Stunden)* zurück.	Jeg kommer tilbage om *en time (to timer)*.	jə kʌmˀəʁ teˈbaːɣə ʌm en ˈtiːmə (toːˀ tiːməʁ)
Ich reise *heute abend (morgen früh)* ab.	Jeg rejser *i aften (imorgen tidlig)*.	jə ˈʀɑiˀsəʁ i ˈɑfdən (iˈmʌːʁn ˈtiðli)
Ich möchte um ... Uhr geweckt werden.	Jeg vil gerne vækkes kl. ...	jə ve ˈgæʁnə ˈvegəs ˈklʌgən
Schicken Sie meine Post bitte nach.	**Vær så venlig at eftersende min post.**	vɛːˀʁ sʌ ˈvenli ʌ ˈɛfdəʁsenə min ˈpʌst

Anmeldung	anmeldelse, -n, -r	'anmɛl'ʔəlsə
Anzahlung	forskudsbetaling, -en, -er	'fʌʁsguðsbe'ta:ʔleŋ
Bad	bad, -et, -	bað
Balkon	altan, -en, -er	al'ta:ʔn
Bedienung	betjening, -en, -er	be'tjɛ:ʔneŋ
Beschwerde	klage, -n, -r	'kla:ɣə
Briefmarke	frimærke, -t, -r	'fʀi:mæʁgə
Briefpapier	brevpapir, -et, -	'bʀɛŭpa'pi:ʔʁ
Briefumschlag	konvolut, -ten, -ter	kʌnvo'lut
Direktor	direktør, -en, -er	diʀɛk'tø:ʔʁ
Doppelbett	dobbeltseng, -en, -e	'dʌbəlsɛŋʔ
Doppelzimmer	dobbeltværelse, -t, -r	'dʌbəlvæʀəlsə
Einzelbett	enmandsseng, -en, -e	'e:nmansɛŋʔ
Einzelzimmer	enkeltværelse, -t, -r	'ɛŋʔkəldvæʀəlsə
Fahrstuhl	elevator, -en, -er	ele'va:tʌʁ
Frühstückszimmer	frokostrum, -met, -	'fʀokʌstʀɔmʔ
Garage	garage, -n, -r	ga'ʀa:sjə
Gasthof	kro, -en, -er	kʀo:ʔ
Gepäck	bagage, -n, -	ba'ga:sjə
Gepäckträger	drager, -en, -e	'dʀa:ɣəʁ
Handtuch	håndklæde, -t, -r	'hʌnklɛ:ʔðə
Hausdiener	hotelkarl, -en, -e	ho'tɛlʔka:ʔl
Hausschlüssel	gadedørsnøgle, -n, -r	'ga:ðədœʁs'nʌĭlə
Heizung	varme, -n, -	'va:ʁmə
Hotel	hotel, -let, -ler	ho'tɛlʔ
Hotelnachweis	hotelformidling, -en, -er	ho'tɛlʔfʌʁ'miðʔleŋ
Jugendherberge	vandrerhjem, -met, -	'vandʀə'jɛmʔ
Kellner	tjener, -en, -e	'tjɛ:nəʁ
Kleiderbügel	klædebøjle, -n, -r	'klɛ:ðə'bʌĭlə
Kleiderbürste	klædebørste, -n, -r	'klɛ:ðə'bœʁsdə
Kopfkissen	hovedpude, -n, -r	'ho:əð'pu:ðə
Parkplatz	parkeringsplads, -en, -er	paʁ'ke:ʔʀeŋsplas
Pension	pensionat, -et, -er	paŋsjo'na:ʔt
Portier	portier, -en, -er	pʌʁ'tje
Rechnung	regning, -en, -er	'ʀaĭneŋ
Schlafsack	sovepose, -n, -r	'sʌŭəpo:sə
Schlüssel	nøgle, -n, -r	'nʌĭlə
Stück Seife	stykke, -t, -r, sæbe	'sdøgə 'sɛ:bə
Speisesaal	spisesal, -en, -e	'sbi:səsa:ʔl
Stockwerk	etage, -n, -r	e'ta:sjə
Toilette	toilet, -tet, -ter	toa'lɛt
Trinkgeld	drikkepenge	'dʀegəpɛŋə
Waschbecken	vandfad, -et, -e	'vanfað
Zimmer	værelse, -t, -r	'væʀəlsə
Zimmermädchen	stuepige, -n, -r	'sdu:əpi:ɣə

ALT OPTAGET	**Hotel besetzt**	KOLDT	**Kalt**
BAD	**Bad**	TOILET	**Toilette**
DAMER	**Damen**	VARMT	**Warm**
HERRER	**Herren**	VÆRELSER TIL LEJE	**Zimmer frei**

Restaurant, Café und Selbstverpflegung

Können Sie mir ein *gutes (billiges)* Restaurant empfehlen?	Kan De anbefale mig en *god (billig)* restaurant?	ka di 'anbe'faː'lə maɪ en 'goː' ('biii) ʀesdə'ʀaŋ
Wo kann man gut und nicht zu teuer essen?	Hvor spiser man godt og billigt?	'vʌː'ʀ 'sbiː'səʁ man 'gʌt ʌ 'bilit
Ich brauche einen Tisch für ... Personen.	Jeg ville gerne have et bord til ... personer.	jə vilə 'gæʁnə 'haː' et 'boː'ʁ te ... pæʁ'soː'nəʁ
Ist dieser *Platz (Tisch)* besetzt?	Er *denne plads (dette bord)* optaget?	æʁ 'dɛnə 'plas ('dɛdə 'boː'ʁ) 'ʌbtaː'əð
***Herr Ober (Fräulein)*, die Speisekarte bitte!**	*Tjener (frøken)*, måtte jeg bede om spisekortet?	'tjɛːnəʁ ('fʀœː'kən, mʌ-də jə 'beː' ʌm 'sbiːsə-kʌːʁdəð
Können Sie mir ein typisch dänisches Gericht empfehlen?	Kan De anbefale mig en typisk dansk ret?	ka di 'anbe'faː'lə maɪ en 'typisg 'dan'sg 'ʀæt
Bringen Sie mir bitte ...!	Vær så venlig at give mig ...!	'vɛː'ʁ sʌ 'vɛnli ʌ 'gi maɪ
Ich möchte das Menü zu ...	Jeg ville gerne have menuen til ...	jə vilə 'gæʁnə 'haː' me'nyː'ən tə
Ich möchte à la carte essen.	Jeg ville gerne spise à la carte.	jə vilə 'gæʁnə 'spiːsə a la 'kaʁdə
Ich möchte nur eine Kleinigkeit essen.	Jeg skal bare have en lille smule.	jə sga 'bɑːʀə 'haː' en 'lilə 'smuːlə
Ich möchte eine *große (kleine)* Portion.	Jeg vil gerne have en *stor (lille)* portion.	jə ve 'gæʁnə 'haː' en 'sdoːʁ ('lilə) pʌʁ'sjoː'n
Ich muß Diät essen.	Jeg skal holde diæt.	jə sga hʌlə di'ɛː't
Ich bin magenleidend.	Jeg har dårlig mave.	jə haʁ 'dʌːʁli maːvə
Ich esse kein Fleisch.	Jeg spiser ikke kød.	jə sbiːsəʁ 'egə 'køð
Das ist mir zu schwer.	Det kan jeg ikke tåle.	'de ka jə 'egə 'tɔːlə
Ich möchte etwas, was sehr schnell geht.	Jeg ville gerne have noget, der går meget hurtigt.	jə vilə 'gæʁnə 'haː' nɔːəð, dæʁ gʌʁ 'maɪəð 'hoʁdit
Wird es lange dauern?	Varer det længe?	'vɑːʀəʁ de 'lɛŋə
Welchen Wein können Sie mir hierzu empfehlen?	Hvilken vin kan De anbefale mig til denne ret?	'velkən viː'n ka di 'anbe'faː'lə maɪ te 'dɛnə 'ʀæt
Haben Sie offenen Wein?	Har De vin på karaffel?	haːʁ di 'viː'n pɔ ka-'ʀafəl
Ich möchte ein *großes (kleines)* Glas.	Jeg ville gerne have et *stort (lille)* glas.	jə vilə 'gæʁnə haː'et 'sdoː'ʁt ('lilə) 'glas
***Gut (schwach, mittel)* gebraten.**	*Gennem- (let-, halv-)* stegt.	'gɛnəm ('lɛt, 'hal) sdɛgd
Nehmen Sie das bitte zurück!	Vær så venlig at tage dette tilbage.	'vɛː'ʁ sʌ 'vɛnli ʌ ta 'dɛdə te'baːɣə
Das habe ich nicht bestellt.	Det har jeg ikke bestilt.	'de haʁ jə 'egə be'sdel't
Ich möchte mich beschweren.	Jeg vil klage.	jə ve 'klaːɣə
Die Rechnung bitte!	Må jeg bede om regningen?	mɔ ja 'beː' ʌm 'ʀaɪneŋ'ən
Ist die Bedienung einbegriffen?	Er det med betjening?	æʁ de 'mɛð be'tjɛː'neŋ
Sie müssen sich geirrt haben.	De må have taget fejl.	di mɔ ha taːəð 'faɪ'l
Das ist für Sie.	Det er til Dem.	'de æʁ te 'dɛm

Abendessen	aftensmad, -en, -	'ɑfdənsmað
Aschbecher	askebæger, -et, -e	'asgə'bɛːɣəʁ
Besteck	bestik, -ket, -	be'sdekʔ
Brot ***(eine Scheibe)***	*(en skive)* brød	(en 'sgiːvə) 'bʀøːʔð
Brötchen	rundstykke, -t, -r	'ʀɔnsdøgə
Butter	smør, -ret, -	smœʁ
Café	café, -en, -er	ka'feːʔ
Eier	æg, -get, -	ɛːʔg
Essig	eddike, -n, -	'ɛðəkə
Fett	fedt, -et, -	fet
Flasche	flaske, -n, -r	'flasgə
Frühstück	frokost, -en, -er	'fʀɔkʌst
Gabel	gaffel, -en, -er	'gɑfəl
Gaststätte	restaurant, -en, -er	ʀɛsdə'ʀɑŋ
Gebäck	bagværk, -et, -	'baŭvæʁk
Gedeck	menu, -en, -er	me'ny
Gelee	gelé, -en, -	sje'le
Glas	glas, -set, -	glas
Honig	honning, -en, -	'hʌneŋ
Kaffee	kaffe, -n, -	'kɑfə
Kännchen	kande, -n, -r	'kanə
Karaffe	karaffel, -en, -er	kɑ'ʀɑfəl
Kellner	tjener, -en, -e	'tjɛːnəʁ
Kellnerin	servitrice, -n, -r	sæʁvi'tʀiːsə
Konditorei	konditori, -et, -er	kəndidʌ'ʀiːʔ
Konfekt	konfekt, -en, -	kʌn'fɛgt
Kuchen	kage, -n, -r	'kaːɣə
Löffel	ske, -en, -er	sgeːʔ
Marmelade	marmelade, -n, -	mɑmə'laːðə
Messer	kniv, -en, -e	kniŭʔ
Milchbar	mælkebar, -en, -er	'mɛlkə'bɑːʔʁ
Mittagessen	middag, -en, -e	'meda
Öl	olie, -n, -r	'oːljə
Pfeffer	pebber, -et, -	'peŭəʁ
Portion	portion, -en, -er	pʌʁ'sjoːʔn
Restaurant	restaurant, -en, -er	ʀɛsdə'ʀɑŋ
Sahne	fløde, -n, -	'fløːðə
Salz	salt, -et, -	salʔt
Schinken	skinke, -n, -r	'sgeŋgə
Schlagsahne	piskefløde, -n, -	'pisgə'fløːðə
Schwarzbrot	rugbrød, -et, -	'ʀubʀœðʔ
Senf	sennep, -pen, -	'senəp
Serviette	serviet, -ten, -ter	sæʁvi'jɛt
Tagesgericht	dagens ret	'daːʔəns 'ʀæt
eine Tasse Tee	en kop te	en kʌp 'teːʔ
Teller	tallerken, -en, -er	ta'læʁgən
Toast	ristet brød	'ʀesdəð 'bʀøːʔð
Torte	lagkage, -n, -r	'laŭ'kaːɣə
vegetarisch	vegetarisk	vegə'tɑːʔʀisk
Weinkarte	vinkort, -et, -	'viːnkʌːʁd
Weißbrot	franskbrød, -et, -	'frɑnsbʀøʔð
Wurst	pølse, -n, -r	'pølsə
Zucker	sukker, -et, -	'sɔgəʁ

CAFÉ	**Café**
KOLONIAL	**Lebensmittel**
KONDITORI	**Konditorei**
SELVBETJENING	**Selbstbedienung**

Speisen und Getränke (I):

Vorspeisen und Hauptgerichte

Vorspeisen	*forretter*	'fʌːʀædəʁ
Austern	østers, -en, -	'øsdəʁs
Gänseleberpastete	gåseleverpostej, -en, -er	'gɔːsə'leːˀvəʁpɔ'sdɑĭˀ
Geflügelsalat	hønsesalat, -en, -er	'hœnsəsa'laːˀt
Hering	sild, -en, -	silˀ
Heringssalat	sildesalat, -en, -er	'siləsa'laːˀt
Kaltes Fleisch	kold steg	'kʌlˀ 'sdɑĭˀ
Kaviar	kaviar, -en, -	'kaviɑːˀʁ
Krabbensalat	krabbesalat, -en, -er	'kʀɑbəsa'laːˀt
Sardellen	anchiovis, -en, -er	an'sjoːˀs
Sardinen	sardiner	sɑʁ'diːˀnəʁ
Weinbergschnecken	vinbjergsnegle	'viːnbjæʁɣ'snɑĭlə
Verschiedene Vorspeisen	forskellige forretter	fʌʁ'sgɛliɣə 'fʌːʀædəʁ
Suppen	*supper*	'sɔbəʁ
Blumenkohlsuppe	blomkålsuppe, -n, -r	'blʌmkɔːl'sɔbə
Erbsensuppe	ærtesuppe	'æʁdə'sɔbə
Fischsuppe	fiskesuppe	'fesgə'sɔbə
Gemüsesuppe	grønsagsuppe	'gʀœnsaɣ'sɔbə
Griessuppe	semuljevælling, -en, -er	se'muljə'vɛleŋ
Hühnerbrühe	hønsekødsuppe	'hœnsəkøð'sɔbə
Hummersuppe	hummersuppe	'hɔmˀəʁ'sɔbə
Kartoffelsuppe	kartoffelsuppe	kɑ'tʌfəl'sɔbə
Kohlsuppe	kålsuppe	'kɔːl'sɔbə
Kraftbrühe	bouillon, -en, -er	bul'jʌŋ
Nudelsuppe	suppe med nudler	'sɔbə mɛ 'nuðˀləʁ
Ochsenschwanzsuppe	oksehalesuppe	'ʌgsə'haːlə'sɔbə
Pilzsuppe	svampesuppe	'svɑmbə'sɔbə
Schildkrötensuppe	skildpaddesuppe	'sgelpaðə'sɔbə
Spargelsuppe	aspargessuppe	a'sbɑːˀʁ'sɔbə
Tomatensuppe	tomatsuppe	to'maːˀt'sɔbə
Zwiebelsuppe	løgsuppe	'lʌĭ'sɔbə
Fische	*fisk*	fesk
Aal	ål, -en, -	ɔːˀl
Dorsch	torsk, -en, -	tʌːʁsk
Forelle	forel, -len, -ler	fo'ʀɛlˀ
Hecht	gedde, -n, -r	'geðə
Hering	sild, -en, -	silˀ
Kabeljau	kabliov	kɑbliʌŭˀ
Karpfen	karpe, -n, -r	kɑːʁpə
Lachs	laks, -en, -	lɑgs
Makrele	makrel, -len, -ler	mɑ'kʀɛlˀ
Schellfisch	kuller, -en, -	'kulˀəʁ
Schleie	suder, -en, -	'suːðəʁ
Scholle	rødspætte, -n, -r	'ʀœspɛdə
Seezunge	søtunge, -n, -r	'søtɔŋə
Steinbutt	pighvar, -en, -er	'pigvɑːˀʁ
Thunfisch	tunfisk, -en, -	'tuːnfesk
Tintenfisch	blæksprutte, -n, -r	'blɛgsbʀudə
Zander	sandart, -en, -er	'sanɑːˀʁt
Schalentiere	*skalddyr*	'skaldyːˀʁ
Garnelen	rejer	'ʀɑĭəʁ
Hummer	hummer, -en, -r	'hɔmˀəʁ
Krabbe	krabbe, -n, -r	'kʀɑbə
Krebse	krebs	'kʀɛbs

Fleisch	*kød*	**køð**
Hammel	bede	**ˈbeːðə**
Kalb	kalv	**kalˀv**
Lamm	lam	**lɑmˀ**
Ochse	okse	**ˈʌgsə**
Rind	okse	**ˈʌgsə**
Schwein	flæsk	**flɛsg**
Braten	steg, -en, -e	**sdɑɪ̯ˀ**
Bratwurst	stegt medisterpølse, -n, -r	**ˈstɛgd meˈdisdɐˈpølsə**
Deutsches Beefsteak	hakkebøf, -fen, -fer	**ˈhɑgəbøf**
Filet	filet, -en, -er	**fiˈle**
Filetsteak	mørbrad, -en, -er	**ˈmøːˀʁbʀɑːˀ**
Fleischsalat	pyt i pande	**pyt i ˈpanə**
Frikadellen	frikadeller	**fʀekaˈdɛlɐ**
Frikassee	frikassé, -en, -er	**fʀekaˈseːˀ**
Gulasch	gullasch, -en, -	**ˈgulasj**
Haschee	hachis, -en, -	**haˈsje**
Jagdwurst	jagtpølse, -n, -r	**ˈjɑgdˈpølsə**
Kotelett	kotelet, -ten, -ter	**kʌdəˈlɛt**
Leber	lever, -en, -e	**ˈleːˀvɐ**
Nieren	nyre, -n, -r	**ˈnyːʀə**
Ragout	ragout, -en, -er	**ʀɑˈgu**
Roastbeef	roastbeef	**ˈʀɔŭsdbiːf**
Rouladen	benløse fugle	**ˈbeːnløːˀsə ˈfuːlə**
Rumpsteak	engelsk bøf, -fen, -fer	**ˈɛŋəlsg ˈbøf**
Steak	bøf, -fen, -fer	**bøf**
Wiener Schnitzel	wienerschnitzel, -en, -er	**ˈviːˀnɐˈsnitsəl**
Würstchen	bayersk pølse, -n, -r	**ˈbɑɪ̯ˀɐʁsg ˈpølsə**
Zunge	tunge, -n, -r	**ˈtɔŋə**

Wild und Geflügel	*vildt og fulgle*	**ˈvilˀt ʌ fuːlə**
Elch	elg, -en, -e	**ɛlˀɣ**
Ente	and, -en, ænder	**anˀ**
Fasan	fasan, -en, -er	**faˈsaˀn**
Gans	gås, -en, gæs	**gɔːˀs**
Hähnchen / Hühnchen	kylling, -en, -er	**ˈkyleŋ**
Hase	hare, -n, -r	**ˈhɑːʀə**
Hirsch	hjort, -en, -e	**jʌːʁt**
Huhn	høne, -n, høns	**ˈhøːnə**
Kaninchen	kanin, -en, -er	**kaˈniːˀn**
Kapaun	kapun, -en, -er	**kaˈpuːˀn**
Poularde	poularde	**puˈlɑːˀʁd**
Rebhuhn	agerhøne, -n, -høns	**ˈaːˀɣɐˈhøːnə**
Reh	rådyr, -et, -	**ˈʀʌdyːˀʁ**
Taube	due, -n, -r	**ˈduːə**
Truthahn	kalkun, -en, -er	**kalˈkuːˀn**
Brust	bryst, -et, -	**bʀœsd**
Frikassee	frikassé, -en, -er	**fʀekaˈseːˀ**
Keule	kølle, -n, -r	**ˈkølə**
Rücken	ryg, -gen, -ge	**ʀœgˀ**

Eierspeisen	*ægretter*	**ˈɛːgʀædɐ**
Gekochte Eier	kogte æg	**ˈkʌgdə ɛːˀg**
Omelett	omelet, -ten, -ter	**əməˈlɛt**
Pfannkuchen	pandekage, -n, -r	**ˈpanəˈkaːɣə**
Rühreier	røræg, -get, -	**ˈʀœʁɛːˀg**
Spiegeleier	spejlæg, -get, -	**ˈsbɑɪ̯lˀɛːˀg**

Beilagen, Nachtisch und Getränke

Kartoffeln	*kartofler*	ka'tʌfləʁ
Bratkartoffeln	braskartofler	'bʀɑːska'tʌfləʁ
Kartoffelbrei	kartoffelmos, -en, -	ka'tʌfəl'moːˀs
Kartoffelkloß	kartoffelbolle, -n, -r	ka'tʌfəl'bʌlə
Kartoffelpuffer	kartoffelklatkage, -n, -r	ka'tʌfəl'klatkaːɣə
Pommes frites	pommes frites	pʌm(ə) 'fʀit(ə)
Salzkartoffeln	kogte kartofler	'kʌgdə ka'tʌfləʁ
Nährmittel	*næringsmidler*	'nɛːʀeŋs'miðˀləʁ
Fadennudeln	trådnudler	'tʀɔːðnuðˀləʁ
Mais	majs, -en, -	maiˀs
Makkaroni	makaroni, -en, -	maga'ʀʌni
Ravioli	ravioli	ʀavi'oːli
Reis	ris, -en, -	ʀiːˀs
Spaghetti	spagetti, -en, -	sba'gɛti
Gemüse	*grønsager*	'gʀœnsaːɣəʁ
Artischocken	artiskokker	ɑːʁtis'kʌgəʁ
Blumenkohl	blomkål, -en	'blʌmkɔːˀl
Champignons	champignons	'sjampin'jʌŋs
Chicorée	julesalat	'juːləsa'laːˀt
Eierfrüchte	aubergine, -n, -r	obæʁ'sjiːn(ə)
Erbsen	ærter	'æʁdəʁ
Grüne Bohnen	snittebønner	'snidə'bœnəʁ
Gurken	agurk, -en, -er	a'guʁk
Karotten	karotter	ka'ʀʌdəʁ
Kohlrabi	knudekål, -en, -	'knuːðə'kɔːˀl
Kürbis	græskar, -ret, -	'gʀæskaʁ
Morcheln	morkel	'mʌːʁkəl
Möhren	gulerødder	'guləʀœðˀəʁ
Paprikaschoten	paprika, -en, -	'pabʀika
Pfifferlinge	kantarel, -len, -ler	kanta'ʀɛlˀ
Pilze	svamp, -en, -e	'svamˀp
Porree	porre, -n, -r	'pʌʀə
Rosenkohl	rosenkål, -en	'ʀoːsən'kɔːˀl
Rote Beete	rødbede, -n, -r	ʀo'beːðə
Rotkraut	rødkål, -en	'ʀøðkɔːˀl
Sauerkraut	surkål, -en	'suːˀʁkɔːˀl
Spargel	asparges	a'sbɑːˀʁs
Spinat	spinat, -en	sbi'naːˀt
Tomaten	tomat, -en, -er	to'maːˀt
Weißkohl	hvidkål, -en	'viðkɔːˀl
Zwiebeln	løg, -et, -	lʌiˀ
Salate	*salater*	sa'laːˀdəʁ
Endiviensalat	endiviesalat, -en, -er	ɛn'diːˀviəsa'laːˀt
Gemischter Salat	blandet salat	'blanəð sa'laːˀt
Gemüsesalat	italiensk salat	itali'eːˀnsg sa'laːˀt
Gurkensalat	agurkesalat	a'guʁkəsa'laːˀt
Italienischer Salat	kødsalat	'køðsa'laːˀt
Kartoffelsalat	kartoffelsalat	ka'tʌfəlsa'laːˀt
Kopfsalat	grøn salat	'gʀœnˀ sa'laːˀt
Selleriesalat	sellerisalat	'seləʀisa'laːˀt
Spargelsalat	aspargessalat	a'sbɑːˀʁsa'laːˀt
Tomatensalat	tomatsalat	to'maːˀtsa'laːˀt

Nachspeisen	*efterretter*	'ɛfdəʁ'ʀæðəʁ
Apfelmus	æblegrød, -en, -........	'ɛːbləgʀøðˀ
Creme	creme, -n, -............	kʀɛːˀm
Eis	is, -en, -	iːˀs
Käse	ost, -en, -e	ɔsd
Kompott	kompot, -ten, -ter.....	kʌm'pʌt
Obstsalat	frugtsalat, -en, -er.....	'fʀɔgdsa'laːˀt
Omelette confiture	omelet med syltetøj....	ɔmə'lɛt mɛ 'syldə'tʌ
Pudding	budding, -en, -er	'buðeŋ
Rote Grütze	rødgrød, -en, -........	'ʀøðˀgʀøðˀ
Schlagsahne	piskefløde, -n, -.......	'pisgə'fløːðə
Obst	*frugt*	fʀɔgd
Ananas	ananas	'ananas
Äpfel	æbler.................	'ɛːbləʁ
Apfelsinen............	appelsiner............	ɑbəl'siːˀnəʁ
Aprikosen	abrikoser	ɑbʀi'koːˀsəʁ
Bananen	bananer	ba'naːˀnəʁ
Birnen	pærer	'pɛːʀəʁ
Datteln	dadler	'dɑðˀləʁ
Erdbeeren	jordbær...............	'joʁbæʁ
Feigen	figner	'fiːnəʁ
Grapefruit	grapefrugt	'gʀɛːpfʀɔgd
Haselnüsse	hasselnødder	'hasəl'nøðˀəʁ
Himbeeren	hindbær	'hinbæʁ
Johannisbeeren	ribs	ʀeps
Schwarze Johannisbeeren	solbær................	'soːlbæʁ
Kirschen	kirsebær	'kiʁsbæʁ
Mandarinen	mandariner	mandɑ'ʀiːˀnəʁ
Melonen	meloner	me'loːˀnəʁ
Multebeeren...........	multebær	'muldəbæʁ
Pfirsiche	ferskener	'fæʁsknəʁ
Pflaumen	blommer..............	'blʌməʁ
Preiselbeeren	tyttebær	'tydəbæʁ
Stachelbeeren	stikkelsbær...........	'sdegəlsbæʁ
Walderdbeeren	skovjordbær...........	'sgʌŭ'joʁbæʁ
Walnüsse	valnødder.............	'valnøðˀəʁ
Weintrauben..........	vindruer	'vindʀuːəʁ
Alkoholische Getränke	*alkoholiske drikke*	alko'hoːˀlisgə 'dʀegə
Dunkles Bier	mørkt øl	'mœʁgd 'øl
Helles Bier	lyst øl	'lysd 'øl
Liköre	likør, -en	li'køːˀʁ
Malzbier	maltøl................	'maldøl
Rotwein	rødvin, -en	'ʀøðviːˀn
Schaumwein	champagne, -n	sjɑm'panjə
Schnaps	snaps, -en, -er	snɑps
Spirituosen	spiritus	'sbiːˀʀitus
Weinbrand	cognac, -en...........	'kʌnˀjɑk
Weißwein	hvidvin, -en..........	'viðviːˀn
Alkoholfreie Getränke	*alkoholfrie drikke*	'alkohʌlˀ'fʀiːə 'dʀegə
Apfelsaft	æblemost, -en	'ɛːbləmʌsd
Fruchtsaft	frugtsaft, -en.........	'fʀɔgdsɑfd
Kaffee	kaffe, -n	'kɑfə
Kakao	cacao, -en	ka'kaːo
Limonade	sodavand, -et	'soːdɑ'vanˀ
Milch	mælk, -en............	mɛlˀk
Mineralwasser	mineralvand, -et	minə'ʀɑːˀlʌvanˀ
Orangeade	orangeade, -n	oʀɑŋ'sjaːðə
Soda	apollinaris	apoli'nɑːʀis
Tee	te, -en	teːˀ
Tomatensaft...........	tomatsaft	tomaːˀtsɑfd
Wasser	vand, -et.............	vanˀ

Körper- und Kleiderpflege

Haarschneiden bitte!	Jeg vil gerne klippes.	jə ve 'gæʁnə 'klebəs
Den Nacken ausrasieren.	Jeg vil gerne barberes i nakken.	jə ve 'gæʁnə bɑ'beːʔʀəs i 'nɑgən
Haarwaschen bitte!	Jeg vil gerne have vasket hår.	jə ve 'gæʁnə ha vasgəð 'hʌːʔʁ
Nicht zu *kurz* (*lang*).	Ikke for *kort (langt)*.	'egə fʌʁ 'kʌːʁd ('lɑŋʔd)
Ich möchte eine *kalte* (*warme*) Dauerwelle.	Jeg vil gerne *kold- (varm-)* permanentes.	jə ve 'gæʁnə 'kʌl (vɑːʁm) pæʁma'nɛnʔdəs
Bitte	Jeg vil gerne have	jə ve 'gæʁnə ha
– eine Wasserwelle!	– en vandondulation.	en 'vanənduIa'sjoːʔn
– *eine Kopfmassage* (*eine Gesichtsmassage*)!	– *massage i hovedbunden (en ansigtsbehandling)*.	ma'saːsjə i 'hoːəðbənʔən (en 'ansegdsbe'hanʔleŋ)
– *Maniküre* (*Pediküre*)!	– *manikure (pedikure)*.	mani'kyːʀə (pedi'kyːʀə)
Die Haare *färben* (*tönen*).	– håret *farvet (tonet)*.	'hʌːʔʀəð 'fɑːʀvəð ('toːnəð)
Rasieren bitte!	Jeg vil gerne barberes.	jə ve 'gæʁnə bɑ'beːʔʀəs
Wie lange muß ich warten?	Hvor længe skal jeg vente?	vʌʁ 'lɛŋɛ sga jə 'vɛndə
Dies muß *gereinigt* (*gefärbt*) werden.	Dette skal *renses (farves)*.	'dɛdə sga 'ʀænsəs ('fɑːʁvəs)
Ich möchte dies repariert haben.	Jeg vil gerne have dette repareret.	jə ve 'gæʁnə ha 'dɛdə ʀepɑ'ʀeːʔʀəð
Diese Sachen müssen gewaschen werden.	Disse ting skal vaskes.	'disə 'teŋʔ sga 'vasgəs
Bitte *vorsichtig* (*nur lauwarm*) waschen!	Vaskes *forsigtigt (kun i lunkent vand)*.	'vasgəs fʌʁ'segdit ('kən i 'ləŋgənd vanʔ)
Würden Sie mir bitte	Vær så venlig at	vɛːʔʁ sʌ 'vɛnli ʌ
– diesen Anzug ausbürsten.	– børste dette tøj.	'bœʁsdə 'dɛdə 'tʌĭ
– diese Bluse bügeln.	– stryge denne bluse.	'sdʀyːə 'dɛnə 'bluːsə
– dieses Kleid waschen.	– vaske denne kjole.	'vasgə 'dɛnə 'kjoːlə
– diesen Knopf annähen.	– sy denne knap i.	sy 'dɛnə 'knɑp 'iːʔ
– diese Strümpfe aufmaschen.	– opmaske disse strømper.	'ʌbmasgə 'disə 'sdʀœmbəʁ
– diese Schuhe besohlen.	– forsåle disse sko.	fʌʁ'sɔːʔlə 'disə 'sgoːʔ
– an diese Schuhe neue Absätze machen.	– sætte nye hæle på disse sko.	'sɛdə 'nyːə 'hɛːlə pɔ 'disə 'sgoːʔ
– diese Strümpfe stopfen.	– stoppe disse strømper.	'sdʌbə 'disə 'sdʀœmbəʁ
Bitte *den Kragen* (*die Manschetten*) nicht stärken!	*Kraven (manchetterne)* skal ikke stives.	'kʀɑːvən (mɑŋ'sjɛdəʁnə) sga 'egə 'sdiːvəs

BAD	**Badeanstalt**	RENSERI	**Reinigung**
FRISØR	**Friseur**	SKOMAGERI	**Schuhmacherei**
MATERIALHANDEL	**Drogerie**	SKRÆDDERI	**Schneiderei**
PARFUMERI	**Parfümerie**	VASKERI	**Wäscherei**

Augenbrauen	øjenbryn, -et, -	'ʌiənbʀyːˀn
Augenbrauenstift	øjenbrynstift, -en, -er	'ʌiənbʀyːn'sdefd
Badesalz	badesalt, -et, -	'baːðəsalˀt
Brausebad	brusebad, -et, -	'bʀuːsə'bað
Bürste	børste, -n, -r	'bœʁsdə
Dauerwelle	permanent, -en	pæʁma'nɛnˀt
Druckknopf	trykknap, -pen, -per	'tʀøgknɑp
Einlegesohlen	indlæg, -get, -	'enlɛːˀg
ein Fassonschnitt	en moderne klipning	en mo'dæʁnə 'klebneŋ
Fleckenwasser	pletfjerner, -en, -e	'plɛtfjæʁnəʁ
Frisur	frisure, -n, -r	fʀe'syːʀə
Gesichtspuder	pudder, -et, -	'puðˀəʀ
Gummiband	elastik, -ken, -ker	ela'sdik
Haarklemme	hårklemme, -n, -r	'hʌːʁ'klɛmə
Haarnadel	hårnål, -en, -e	'hʌːʁ'nɔːˀl
Haarwaschmittel	hårshampoo	'hʌːʁ'sjaːmpuː
Haarwasser	hårvand, -et, -	'hʌːʁvanˀ
Hautcreme	hudcreme, -n, -r	'huðkʀɛːˀm
Kamm	kam, -men, -me	kɑmˀ
Kölnischwasser	eau de Cologne	o də kɔ'lʌnj(ə)
Körperpuder	talkumpudder, -et, -	'talkəm'puðˀəʁ
Lippenstift	læbestift, -en, -er	'lɛːbə'sdefd
Locke	lok, -ken, -ker	lʌkˀ
Lockenwickler	papillot, -ten, -ter	pɑbi'lʌt
Mundwasser	mundvand, -et	'mɔnvanˀ
Nagelfeile	neglefil, -en, -e	'nɑilə'fiːˀl
Nagellack	neglelak, -ken	'nɑilə'lɑk
Nagelschere	neglesaks, -en, -e	'nɑilə'sɑgs
Nähgarn	sytråd, -en, -e	'sytʀɔːˀð
Nähnadel	synål, -en, -e	'synɔːˀl
Parfum	parfume, -n, -r	pɑʁ'fyːmə
Rasierapparat	barbermaskine, -n, -r	bɑ'beːˀʁma'sgiːnə
Rasierklingen	barberblad, -et, -e	bɑ'beːˀʁblað
Rasiercreme	barbercreme, -n	bɑ'beːˀʁkʀɛːˀm
Rasiermesser	barberkniv, -en, -e	bɑ'beːˀʁkniŭˀ
Rasierpinsel	barberkost, -en, -e	bɑ'beːˀʁkɔsd
Rasierseife	barbersæbe, -n	bɑ'beːˀʁ'sɛːbə
Rasierwasser	barbervand, -et	bɑ'beːˀʁvanˀ
Reißverschluß	lynlås, -en, -e	'lynlɔːˀs
Schere	saks, -en, -e	'sɑgs
Schnürsenkel	snørebånd, -et, -	'snœːʀəbʌnˀ
Schuhanzieher	skohorn, -et, -	'sgohoːˀʁn
Schuhbürste	skobørste, -n, -r	'sgo'bœʁsdə
Schuhcreme	skosværte, -n	'sgo'svæʁdə
Schminke	sminke, -n	'smeŋgə
Stück Seife	stykke sæbe	'sdøgə 'sɛːbə
Seiflappen	vaskeklud, -en, -e	'vasgə'kluðˀ
Sicherheitsnadel	sikkerhedsnål, -en, -e	'segəʁheðs'nɔːˀl
eine Sonnenbrille	et par solbriller	et pɑʁ 'soːlbʀeləʁ
Sonnenöl	sololie, -n	'soːl'oːljə
Stecknadel	knappenål, -en, -e	'knɑbə'nɔːˀl
Stopfnadel	stoppenål, -en, -e	'sdʌbə'nɔːˀl
Stopfgarn	stoppegarn, -et	'sdʌbə'gɑːˀʁn
Taschenkamm	lommekam, -men, -me	'lʌmə'kɑmˀ
Taschenspiegel	lommespejl, -et, -e	'lʌmə'sbɑiˀl
Toilettenpapier	toiletpapir, -et	toa'lɛtpa'piːˀʁ
Toilettenseife	toiletsæbe, -n	toa'lɛtsɛːbə
Waschpulver	vaskepulver, -et	'vasgə'pɔlˀvəʁ
Wimperntusche	øjenvippefarve, -n, -r	'ʌiən'vepə'fɑːʁvə
Zahnbürste	tandbørste, -n, -r	'tanbœʁsdə
Zahnpasta	tandpasta, -en	'tanpasda
Zwirn	kinesertråd, -en, -e	ki'neːˀsəʁtʀɔːˀð

Im Laden

Wo kann ich ... kaufen?	Hvor kan jeg købe ...?	ˈvʌːʔʁ ka jə ˈkøːbə
Gibt es ein Spezialgeschäft für ...?	Findes der en specialforretning for ...?	ˈfenəs dæʁ en speˈsjaːʔl-fʌʁˈʀædneŋ fʌʁ
Zeigen Sie mir bitte etwas anderes!	Kan De vise mig noget andet?	ka di ˈviːsə mɑĭ noːəð ˈanəð
Die *Form* (*Farbe*) gefällt mir nicht.	Jeg synes ikke om *formen (farven)*.	jə synəs ˈegə ʌm ˈfʌːʔʁ-mən (ˈfɑːʁvən)
Das Muster ist mir zu *unruhig* (*auffällig*).	Mønstret er for *uroligt (iøjnefaldende)*.	ˈmønʔsdʀəð æʁ fʌʁ uːʀoːʔlid (iˈʌĭnəˈfalʔənə)
Es muß hierzu passen.	Det skal passe hertil.	de sga ˈpasə ˈheːʔʁˈtel
Ich möchte *ihn, sie,* (*es*) anprobieren.	Må jeg have lov at prøve *den (det)*?	mɔ jə ha ˈlʌŭ ʌ ˈpʀøːvə dɛnʔ (de)
Können Sie mir die Waren zuschicken?	Vil De sende varerne til mig?	ve di ˈsɛnə ˈvɑːʀəʁnə ˈte mɑĭ
Packen Sie es bitte *gut* (*nett*) ein!	Vil de være så venlig at pakke det *godt (pænt)* ind?	ve di ˈvɛːʀə sʌ ˈvɛnli ʌ ˈpɑkə də ˈgʌt (pɛːʔnt) enʔ
Eine Quittung bitte.	Kan jeg få en kvittering?	ka jə ˈfɔːʔ en kviˈteːʔʀeŋ
Bitte entwickeln Sie diesen Film!	Jeg ville gerne have denne film fremkaldt.	jə vilə ˈgæʁnə ha ˈdɛnə ˈfilʔm ˈfʀæmkalʔd
Ich möchte *je einen Abzug (je eine Vergrößerung ... mal ...)*.	Jeg vil gerne have *et aftryk (en forstørrelse ... gange ...)* af hvert.	jə ve ˈgæʁnə haːʔ et ˈɑŭtʀøg (en fʌʁˈsdœʁʔ-ʀəlsə ... ˈgɑŋə ...)
Maße und Gewichte	*Mål og vægt*	ˈmɔːʔl ʌ ˈvɛgd
100 Gramm	hundrede gram (g)	ˈhunʀəðə ˈgʀɑmʔ
ein Viertelpfund	et kvart pund	et ˈkvɑːʁt punʔ
ein halbes Pfund	et halvt pund	et ˈhalʔt punʔ
ein Pfund	et pund	et ˈpunʔ
ein (*halbes*) Kilo	et *(halvt)* kilo (kg)	et (ˈhalʔt) ˈkilo
ein Zehntelliter	en deciliter (dl)	en ˈdeːsiˈlidəʁ
ein (*halbes*) Liter	en *(halv)* liter (l)	en (ˈhalʔ) ˈlidəʁ
30 Zentimeter	tredive centimeter (cm)	ˈtʀæðvə sɛntiˈmeːʔdəʁ
ein (*halbes*) Meter	en *(halv)* meter (m)	en (ˈhalʔ) ˈmeːʔdəʁ
Päckchen / Paket	pakke	ˈpɑgə
Dose / Rolle	dåse / rulle	ˈdɔːsə / ˈʀulə
(*kleine*) Flasche	*(lille)* flaske	(ˈlile) ˈflasgə
Tube / Tüte	tube / pose	ˈtuːbə / ˈpoːsə
einige / ein Stück	nogle / en (et)	ˈnoːlə / en (et)
ein Paar / ein Dutzend	et par / et dusin	et ˈpɑʁ / et duˈsiːʔn
20 Eier	en snes æg	en snes ˈɛːʔg

AVISER	**Zeitungen**	LÆDERVARER	**Lederwaren**
BLOMSTER	**Blumen**	OPTIKER	**Optiker**
BOGHANDEL	**Buchhandlung**	PAPIRHANDEL	**Papierhandlung**
CHOKOLADE KONFEKT	**Süßwaren**	SKO	**Schuhe**
		SLAGTERI	**Metzgerei**
FRUGT OG GRØNSAGER	**Obst und Gemüse**	SOUVENIRS	**Andenken**
		TOBAK	**Tabak**
KOLONIAL	**Lebensmittel**	UDSALG	**Ausverkauf**

Ansichtskarte	prospektkort, -et, -	pʀoˈsbɛgdkʌːʁd
Anzug	jakkesæt, -tet, -	ˈjɑkəsɛt
Armband	armbånd, -et, -	ɑːʁmbʌnˀ
Badeanzug	badedragt, -en, -er	ˈbaːðədʀɑgd
Badehose	badebukser	ˈbaːðəˈbɔgsəʁ
Badekappe	badehætte, -n, -r	ˈbaːðəˈhɛdə
Bademantel	badekåbe, -n, -r	ˈbaːðəˈkɔːbə
Bleistift	blyant, -en, -er	ˈblyːant
Bluse	bluse, -n, -r	ˈbluːsə
Briefpapier	brevpapir, -et, -er	ˈbʀɛŭpaˈpiːˀʁ
Brieftasche	tegnebog, -en, -bøger	ˈtɑĭnəbɔŭˀ
Briefumschlag	konvolut, -ten, -ter	ˈkʌnvoˈlut
Büstenhalter	brystholder, -en, -e	ˈbʀøsdˈhʌlˀəʁ
Damenbinde	damebind, -et, -	ˈdaːməbinˀ
Druckknopf	trykknap, -pen, -per	ˈtʀøgknɑp
Farbfilm	farvefilm, -en, -	ˈfɑːʁvəˈfilˀm
Feuerzeug	lighter, -en, -e	ˈlɑĭtəʁ
Filterzigaretten	filtercigaretter	ˈfilˀdəʁsigɑˈʀædəʁ
Füllfederhalter	fyldepen, -nen, -ne	ˈfyləpɛnˀ
Gürtel	bælte, -t, -r	ˈbɛldə
Halstuch	halstørklæde, -t, -r	ˈhalstœʁˈklɛːˀðə
Handschuhe	handsker	ˈhansgəʁ
Handtuch	håndklæde, -t, -r	ˈhʌnklɛːˀðə
Hemd	skjorte, -n, -r	ˈsgjoʁdə
Hose	bukser	ˈbɔgsəʁ
Hut ***(Damen-)***	hat *(dame-)*, -ten, -te	hat (ˈdaːmə)
Jacke ***(Strick-)***	jakke, -n, -r *(trøje, -n, -r)*	ˈjɑkə (ˈtʀʌĭə)
Kerze	lys, -et, -	lyːˀs
Kleid	kjole, -n, -r	ˈkjoːlə
Knopf	knap, -pen, -per	knɑp
Kragen	krave, -n, -r	ˈkʀɑːvə
Krawatte	slips, -et, -e	sleps
Kugelschreiber	kuglepen, -nen, -ne	ˈkuːləpɛnˀ
Mütze	hue, -n, -r	huːə
Nachthemd	natskjorte, -n, -r	ˈnatsgjoʁdə
Notizbuch	notesbog, -en, -bøger	ˈnoːtəsbɔŭˀ
Nylonstrümpfe	nylonstrømpe, -n, -r	ˈnaĭlʌnˈsdʀœmbə
Papiertaschentücher	papirlommetørklæder	ˈpapiːˀʁˈlʌmətœʁˈklɛːˀ-ðəʁ
Perlonstrümpfe	perlonstrømpe, -n, -r	ˈpæʁlʌnˈsdʀœmbə
Pfeifentabak	pibetobak, -ken	ˈpiːbətoˈbɑk
Portemonnaie	pengepung, -en, -e	ˈpɛŋəpɔŋˀ
Preis	pris, -en, -er	ˈpʀiːˀs
Pullover	pullover, -en, -s	pulˈɔŭvəʁ
Regenschirm	paraply, -en, -er	pɑːʀɑˈplyːˀ
Reißverschluß	lynlås, -en, -e	ˈlyːnlɔːˀs
Rock	nederdel, -en, -e	ˈneðəʁdeːˀl
Sandalen	sandaler	sanˈdaːˀləʁ
Schal	tørklæde, -t, -r	ˈtœʁklɛːˀðə
Schlafanzug	pyjamas, -en, -	pyˈjaːmas
Schlüpfer	trusser	ˈtʀusəʁ
Schuhe	sko, -en, -	sgoːˀ
Socken	sok, -ken, -ker	sʌk
Spielkarten	spillekort, -et, -	ˈsbeləkʌːʁd
Streichhölzer	tændstik, -ken, -ker	ˈtɛnsdeg
Strümpfe	strømpe, -n, -r	ˈsdʀœmbə
Strumpfhalter	hofteholder, -en, -e	ˈhʌfdəˈhʌlˀəʁ
Taschentuch	lommetørklæde, -t, -r	ˈlomətœʁklɛːˀðə
Tinte	blæk, -ket	blɛk
Unterhemd	undertrøje, -n, -r	ˈɔnəʁˈtʀʌĭə
Unterrock	underkjole, -n, -r	ˈɔnəʁˈkjoːlə
Zigaretten	cigaretter	sigɑˈʀædəʁ
Zigarren	cigarer	siˈgɑːˀʀəʁ

LADEN

Behörden, Büros und Banken

An der Grenze	***Ved grænsen***	**ve 'gʀænsən**
Soll ich den Koffer aufmachen?	**Skal jeg åbne kufferten?**	sga jə 'ɔːbnə 'kɔfəʁdən
Haben Sie zollpflichtige Waren?	Har De toldpligtige varer?	haʁ di 'tʌlplegdiːə 'vɑː-ʀəʁ
Nur persönliche Dinge.	Kun personlige ting.	kɔn pæʁ'soːˀnliːə 'tɷŋˀ
***Öffnen Sie das bitte!**	Vær så venlig at åbne det!	vɛːˀʁ sʌ 'vɛnlig ʌ 'ɔːbnə de
***In Ordnung!**	Det er i orden.	de æʁ i 'ʌːˀʁdən
***Das ist zollpflichtig.**	Det er toldpligtigt.	'de æʁ 'tʌlplegdid
***Dafür müssen Sie eine Kaution hinterlegen.**	De må betale kaution for det.	di mɔ be'taːˀlə kɑŭ-'sjoːˀn fʌʁ 'de
***Haben Sie Gepäck im Gepäckwagen?**	Har De bagage i rejsegodsvognen?	haʁ di ba'gaːsjə i 'ʀɑĭ-səgɔs'vʌŭˀnən
Geldwechsel	***Veksling af penge***	'vɛgsleŋ a 'pɛŋə
Wo kann ich Geld wechseln?	Hvor kan jeg veksle penge?	'vʌːˀʁ ka jə 'vɛgslə 'pɛŋə
Wechseln Sie mir dies bitte in ...!	Vær så venlig at veksle denne her i ...!	'vɛːˀʁ sʌ 'vɛnli ʌ 'vɛgslə 'dɛnə heːˀʁ i
Wie ist der Kurs für ...?	Hvilken kurs er der på ...?	'velkən 'kuːˀʁs 'æʁ dæʁ pɔ
Ich möchte Geld nach ... überweisen.	Jeg ville gerne overføre penge til ...	jə vilə 'gæʁnə 'ʌŭəʁ-føːˀʀə 'pɛŋə te

Die dänische Währung:

1 Krone (*dän.* krone, -r, Abkürzung: **kr.**) = **100 Öre** (*dän.* øre, Abkürzung **ø.**).

Auf der Polizei	***På politistationen***	
Ich möchte eine Anzeige erstatten.	Jeg ville gerne anmelde noget.	jə vilə 'gæʁnə 'anmɛlˀə 'nɔːəð
Man hat mir ... gestohlen.	Jeg er blevet bestjålet for ...	jə æʁ 'bleːvəð be'sdjɔːˀ-ləð fʌʁ
Verständigen Sie bitte mein Konsulat!	Vær så venlig at underrette mit konsulat!	'vɛːˀʁ sʌ 'vɛnli ʌ 'ɔnəʁ-ʀædə mit kʌnsu'laːˀt
***Haben Sie Zeugen?**	Har De vidner?	haʁ di 'viðnəʁ
Können Sie sich ausweisen?	Kan De legitimere Dem?	ka di legiti'meːˀʀə dɛm
Post, Telegraf, Telefon	***Post, telegraf, telefon***	pʌsd, tele'gʀaːˀf, tele-'foːˀn
Ich brauche hierfür Briefmarken.	Jeg ville gerne have frimærker til dette her.	jə vilə 'gæʁnə ha 'fʀiː-mæʁgəʁ te 'dɛdə heːˀʁ
Ein eingeschriebener Brief.	Et anbefalet brev.	et 'anbefaːˀləð 'bʀɛŭˀ
Ich möchte ein Telegramm *(mit Rückantwort)* aufgeben.	Jeg ville gerne sende et telegram ***(med betalt svar)***.	jə vilə 'gæʁnə 'sɛnə et tele'gʀɑmˀ (mɛ betaːˀld svɑːˀʁ)
Ich möchte ein Gespräch nach ... anmelden *(mit Voranmeldung)*.	Jeg ville gerne bestille en ***(personlig)*** samtale til ...	jə vilə 'gæʁnə be'sdelˀə en (pæʁ'soːˀnli) 'sɑm-taːlə te
Wo gibt es Münzen für den öffentlichen Fernsprecher?	Hvor kan jeg få vekslet penge til telefonautomaten?	'vʌːˀʁ ka jə fɔ 'vɛgsləð 'pɛŋə te tele'foːnɑŭto-'maːˀdən
***Der Teilnehmer antwortet nicht.**	Abonnenten svarer ikke.	ɑbo'nɛnˀdən 'svɑːʀəʁ 'egə
***Die Nummer ist besetzt.**	Der er optaget.	dæʁ æʁ 'ʌbtaːˀəð

Absender	afsender, -en, -e	'aŭsɛn?əʁ
Adreßbuch	adressebog, -en, -bøger	a'dʀæsə'bəŭ?
Adresse	adresse, -n, -r	a'dʀæsə
***(poliz.)* Anmeldung**	*(politi-)* anmeldelse, -n, -r	(poli'ti) an'mɛl?əlsə
Ausweis	legitimation, -en, -er	legitima'sjo:?n
Brief	brev, -et, -e	bʀɛŭ?
Briefmarke	frimærke, -t, -r	'fʀi:mæʁgə
Briefwaage	brevvægt, -en, -e	'bʀɛŭvɛgd
Devisen	valuta, -en, -	va'luta
Devisenbescheinigung	valutaattest, -en, -er	va'lutaa'tɛsd
Dolmetscher	tolk, -en, -e	tʌl?k
Drucksache	tryksag, -en, -er	'tʀøgsa:?ɣ
mit Eilboten	ekspres	ɛg'spʀæs
Ferngespräch	telefonsamtale, -n, -r	tele'fo:n'sɑm'ta:lə
Fernschreiben	telegram, -met, -mer	tele'gʀɑm?
Formular	formular, -en, -er	fʌ:ʁmu'lɑ:?ʁ
Kreditbrief	kreditbrev, -et, -e	kʀɛ'ditbʀɛŭ?
mit Luftpost	med luftpost	mɛ 'ləfdpʌsd
Nachsendeantrag	anmodning om eftersendelse	'anmoð?neŋ ʌm 'ɛfdəʁsɛn?əlsə
Ortsgespräch	lokalsamtale, -n, -r	lo'ka:?l'sɑm'ta:lə
Paket	pakke, -n, -r	'pɑkə
Paketannahme	pakkemodtagelse, -n, -r	'pɑkə'moð'ta:?ɣəlsə
Paßkontrolle	paskontrol, -len, -ler	'paskən'tʀʌl?
Polizeiwache	politistation, -en, -er	poli'tisda'sjo:?n
Porto	porto, -en, -	'pʌ:ʁto
Postamt	postkontor, -et, -er	'pʌsdkən'to:?ʁ
Postanweisung	postanvisning, -en, -er	'pʌsdan'vi:?sneŋ
Postkarte	postkort, -et, -	'pʌsdkʌ:ʁd
Reisepaß	pas, -set, -	pas
Reisescheck	rejsecheck, -en, -s	'ʀaĭsəsjɛk
mit Rückantwort	med betalt svar	mɛ be'ta:?lt svɑ:
Schalter	skranke, -n, -r	'sgʀɑŋgə
Telefonbuch	telefonbog, -en, -bøger	tele'fo:nbəŭ?
Telefonnummer	telefonnummer, -et, -numre	tele'fo:n'nəm?əʁ
Telefonzelle	telefonbox, -en, -e	tele'fo:nbʌks
Telegramm	telegram, -met, -mer	tele'gʀɑm?
Telegrammformular	telegramformular, -en, -er	tele'gʀɑm?fʌ:ʁmu'lɑ:?ʁ
telegrafisch	telegrafisk	tele'gʀɑ:?fisg
Überweisung	overførsel, -en, -er	'ʌŭəʁfø:?ʁsəl
Unterschrift	underskrift, -en, -er	'ənəʁsgʀefd
Wagenpapiere	papirer på vognen	pa'pi:?ʀəʁ pɔ 'vʌŭ?nən
Wechselkurs	vekselkurs, -en, -er	'vɛgsɛlku:?ʁs
Zahlkarte	indbetalingskort, -et, -	'enbe'ta:?leŋskʌ:ʁd
Zollabfertigung	toldbehandling, -en, -er	'tʌlbe'han?leŋ

BRANDALARM	**Feuermelder**	POST	**Post**
BRANDVÆSEN	**Feuerwehr**	POSTE RESTANTE	**Postlagernd**
GRÆNSE	**Grenze**	POSTKASSE	**Briefkasten**
HITTEGODS	**Fundsachen**	SPAREKASSE	**Sparkasse**
LÅNEKONTOR	**Leihhaus**	TOLD	**Zoll**
OPLYSNING	**Auskunft**	VEKSELKONTOR	**Geldwechsel**

TYSKLAND	**Deutschland**	SVEJTS	**Schweiz**
ØSTRIG	**Österreich**	DANMARK	**Dänemark**

Erste Hilfe

Können Sie mir einen *guten Arzt (Spezialisten für ...)* empfehlen?	Kan De anbefale mig en *god læge (specialist i ...)*?	ka di 'anbe'faːˀlə mɑl en 'goːˀ 'lɛːɣə (sbesja-'lisd i)
Wo ist die nächste *Apotheke (Unfallstation)*?	Hvor er nærmeste *apotek (skadestue)*?	'vʌːˀʁ æʁ 'næʁməsdə ɑpo'teːˀk ('sgaːðəsduːə)
***Welche Beschwerden haben Sie?**	Hvad er De kommet til?	'va æʁ di kʌməð 'tel
Ich habe hier Schmerzen.	Det gør ondt her.	de gœʁ 'onˀt 'heːˀʁ
Ich leide an ...	Jeg har ...	jə haʁ
Ich *möchte (brauche dringend)* ein Mittel gegen ...	Jeg *ville gerne have (trænger meget til)* et middel mod ...	jə vilə 'gæʁnə 'haːˀ ('tʀæŋəʁ 'mɑləð te) et 'miðˀəl moð
Wann soll ich wiederkommen?	Hvornår skal jeg komme igen?	vʌʁ'nʌːˀʁ sga jə kʌmə i'gɛn
***Wann (wie oft)* muß ich das einnehmen?**	*Hvornår (hvor ofte)* skal jeg tage det?	vʌʁ'nʌːˀʁ (vʌʁ 'ʌfdə) sga jə 'taːˀ de
Kann der Zahn plombiert werden?	Kan tanden plomberes?	ka 'tanˀən pləm'beːˀʀəs
Muß der Zahn gezogen werden?	Skal tanden trækkes ud?	sga 'tanˀən tʀægəs 'uðˀ

Krankheiten	*Sygdomme*	'syːdʌmə
Beinbruch	benbrud, -det, -	'beːnbʀuð
Blinddarmentzündung	blindtarmsbetændelse, -n, -r	'blentɑːʁmsbe'tɛnˀəlsə
Blutung	blødning, -en, -er	'bløðneŋ
Durchfall	diarré, -en	diɑ'ʀeːˀ
Gallensteine	galdesten	'galəsteːˀn
Gelbsucht	gulsot, -en	'gulsoːˀt
Geschwür	byld, -en, -er	bylˀ
Gicht / Ischias	gigt, -en / iskias, -en	gegd / 'iskjas
Grippe	influenza, -en	enflu'ɛnsa
Halsschmerzen	ondt i halsen	'ənˀd i 'halˀsən
Hühnerauge	ligtorn, -en, -e	'liːtoːˀʁn
Husten	hoste, -n	'hoːsdə
Insektenstiche	insektstik, -ket, -	en'sɛgdsdeg
Kopfschmerzen	hovedpine, -n	'hoːəðpiːnə
Lungenentzündung	lungebetændelse, -n	'ləŋəbe'tɛnˀəlsə
Magenkrämpfe	mavekrampe, -n, -r	'maːvə'kʀɑmpə
Magenschmerzen	ondt i maven	'ənˀd i maːvən
Nasenbluten	næseblod, -et	'nɛːsəbloːˀð
Ohnmacht	besvimelse, -n, -r	be'sviːˀməlsə
Prellung	kontusion, -en, -er	kʌntu'sjoːˀn
Rheumatismus	reumatisme, -n	ʀɑɪma'tismə
Schlaganfall	slagtilfælde, -t, -	'slaŭtelfɛlˀə
Schnupfen	snue, -n	'snuːə
Sodbrennen	halsbrand, -en	'halsbʀɑnˀ
Sonnenbrand	solskoldethed, -en	'soːlsgʌlədheðˀ
Sonnenstich	solstik	'soːlsteg
Verbrennung	forbrænding, -en, -er	fʌʁ'bʀænˀeŋ
Vereiterung	betændelse, -n, -r	be'tɛnˀəlsə
Vergiftung	forgiftning, -en, -er	fʌʁ'gifdnəŋ
Verrenkung	forstuvning, -en, -er	fʌʁ'sduːˀnəŋ
Verstopfung	forstoppelse, -n	fʌʁ'sdʌbəlsə
Zahnschmerzen	tandpine, -n	'tanpiːnə
Zuckerkrankheit	sukkersyge, -n	'səgəʁsyːə

Abführmittel	afføringsmiddel, -midlet, -midler	ˈaŭføːˀʀəŋsˈmiðˀəl
Apotheke	apotek, -et, -er	apoˈteːˀk
Arznei	medicin, -en, -	mediˈsiːˀn
Binde	bind, -et, -	benˀ
Blase	vable, -n, -r	ˈvaːblə
Blinddarm	blindtarm, -en, -e	ˈblentaːˀʁm
Blutdruck	blodtryk, -ket, -	ˈbloðtʀøg
Brandsalbe	salve til brandsår	ˈsalvə te ˈbʀansʌːˀʁ
Darm	tarm, -en, -e	taːˀʁm
Drüse	kirtel, -en, -er	ˈkiʁdəl
Entzündung	betændelse, -n, -r	betɛnˀəlsə
Fieber	feber, -en	ˈfeːˀbəʁ
Galle	galde, -n	ˈgalə
Heftpflaster	hæfteplaster, -et	ˈhɛfdəˈplasdəʁ
Herz	hjerte, -t, -r	ˈjæʁdə
Infektion	infektion, -en, -er	enfɛkˈsjoːˀn
Klinik	klinik, -ken, -ker	kliˈnik
Knochen	knogle, -n, -r	ˈknʌŭlə
Krankenhaus	sygehus, -et, -e	ˈsyːəhuːˀs
Krankenwagen	ambulance, -n, -r	ambuˈlaŋsə
***(Zahn-)*Krone**	*(tand-)*krone, -n, -r	(ˈtan)ˈkʀoːnə
Leber	lever, -en, -e	ˈleːˀvəʁ
Luftröhre	luftrør, -et, -	ˈləfdʀœːˀʁ
Lunge	lunge, -n, -r	ˈləŋə
Magen	mave, -n, -r	ˈmaːvə
Mandeln	mandler	ˈmanˀləʁ
Muskel	muskel, -en, -er	ˈmuskəl
Nerv	nerve, -n, -r	ˈnæʁvə
Nieren	nyre, -n, -r	ˈnyːʀə
Operation	operation, -en, -er	ʌpəʀaˈsjoːˀn
Pflaster	plaster, -et	ˈplasdəʁ
Plombe	plombe, -n, -r	ˈplɔmbə
Puls	puls, -en	pulˀs
Röntgenaufnahme	røntgenbillede, -t, -r	ˈʀœntgənˈbeləðə
Salbe	salve, -n, -r	ˈsalvə
Schilddrüse	skjoldbruskkirtel, -en, -er	ˈsgjʌlbʀusgˈkiʁdəl
Schlafmittel	sovemiddel, -et, -er	ˈsʌŭəˈmiðˀəl
Temperatur	temperatur, -en, -er	tɛmbʀaˈtuːˀʁ
Thermometer	termometer, -et, -e	tæʁmoˈmeːˀdəʁ
Umschlag	omslag, -et, -	ˈʌmslaːˀɣ
Unterleib	underliv, -et, -	ˈɔnəʁliŭˀ
Urin	urin, -en	uˈʀiːˀn
Verband	forbinding, -en, -er	fʌʁˈbenˀəŋ
Verbandwatte	sygevat, -tet	ˈsyːəvat
Verletzung	kvæstelse, -n, -r	ˈkvɛsdəlsə

APOTEK	**Apotheke**	ORTOPÆD	**Orthopäde**
BØRNELÆGE	**Kinderarzt**	SKADESTUE	**Unfallstation**
FØRSTEHJÆLP	**Erste Hilfe**	TANDLÆGE	**Zahnarzt**
KIRURG	**Chirurg**	VENTEVÆRELSE	**Wartezimmer**
KONSULTATIONSTID	**Sprechstunde**	ØRE-, NÆSE-OG HALSLÆGE	**Hals-, Nasen- und Ohrenarzt**
KVINDELÆGE	**Frauenarzt**		
MEDICINER	**Internist**		

Erholung, Unterhaltung und Vergnügen

Wo bekommt man Karten für ...?	Hvor kan man få billetter til ...?	'vʌːˀʁ ka man fɔ bi'lɛdɔʁ te
Wann beginnt der Vorverkauf?	Hvornår åbner forsalget?	vʌʁ'nʌːˀʁ 'ɔːbnɔʁ fʌːʁsalˀɣəð
Wann beginnt die Vorstellung?	Hvornår begynder forestillingen?	vʌʁ'nʌːˀʁ be'gønˀɔʁ 'fʌːʀəsdelˀeŋən
Wie lange dauert die Veranstaltung?	Hvor længe varer programmet?	vʌʁ 'lɛŋə 'vɑːʀɔʁ pʀo'gʀɑmˀəð
Gibt es noch Karten für ...?	Er der endnu billetter til ...?	æʁ dæʁ 'ɛnu bi'lɛdɔʁ te
Haben Sie noch gute Plätze für ...?	Er der endnu nogle gode pladser til ...?	æʁ dæʁ 'ɛnu 'noːlə 'goːðə 'plasɔʁ te
Welche sind die besten Plätze?	Hvilke pladser er bedst?	'velkə 'plasɔʁ æʁ 'bɛsd
Geben Sie mir bitte ... Karten für ...!	Jeg ville gerne have ... billetter til ...	jə vilə 'gæʁnə 'haːˀ ... bi'lɛdɔʁ te
Ich möchte ... Karten für ... vorbestellen.	Jeg ville gerne bestille ... billetter til ...	jə vilə 'gæʁnə be'sdelˀə ... bi'lɛdɔʁ te
Bis wann muß ich die Karten abholen?	Hvornår skal billetterne være afhentede?	vʌʁ'nʌːˀʁ sga bi'lɛdɔʁnə vɛːʀə 'ɑŭhɛnˀdəðə
Sind die Plätze numeriert?	Er pladserne nummererede?	æʁ 'plasɔʁnə nɔmə'ʀeːˀʀəðə
Ich möchte diese Karten *umtauschen (zurückgeben).*	Jeg ville gerne *bytte (tilbagelevere)* disse billetter.	jə vile 'gæʁnə 'bydə (te'baːɣələ'veːˀʀə) 'disə bi'lɛdɔʁ
Läuft der Film in Originalfassung?	Er filmen i originaludgave?	æʁ 'filˀmən i ʌʀigi'naːˀlˀuðgaːvə
Ist der Film synchronisiert?	Er filmen synkroniseret?	æʁ 'filˀmən synkʀoni'seːˀʀəð
Hat der Film Untertitel?	Kan man læse teksten på lærredet?	ka man 'lɛːsə 'tɛgsdən pɔ 'læʀəðət
***Es gibt nur noch Karten *für (zu)* ...**	Der er kun billetter tilbage til ...	dæʁ æʁ 'kɔn bi'lɛdɔʁ te'baːɣə te
***Es ist alles ausverkauft.**	Der er udsolgt.	dæʁ æʁ 'uðsʌlˀd
Kann man *(hier) einen Badeanzug (eine Badehose, ein Handtuch)* leihen?	Kan man låne *en badedragt (et par badebukser, et håndklæde) (her)*?	ka man 'lɔːnə en 'baːðədʀɑgd (et pɑʁ 'baːðəbɔgsɔʁ, et 'hʌnklɛːˀðə) (heːˀʁ)
Wie *tief (warm)* ist das Wasser?	Hvor *dybt (varmt)* er vandet?	vʌʁ 'dybd ('vɑːˀʁmd) 'æʁ 'vanˀəð
Wie weit darf man hinausschwimmen?	Hvor langt må man svømme ud?	vʌʁ 'lɑŋˀd mɔ man svømə 'uðˀ

BAD	**Badeanstalt**	REVY	**Revue**
BADNING FORBUDT	**Baden verboten**	TEATER	**Theater**
		UDSOLGT	**Ausverkauft**
BIO	**Kino**	VARIETÉ	**Varieté**
KABARET	**Kabarett**		

Badestrand	badestrand, -en, -e	'baːðəsdʀanˀ
Badewärter	bademester, -en, -e	'baːðə'mɛsdəʁ
Bar	bar, -en, -er	baːˀʁ
Beiprogramm	ekstra nummer	'ɛgsdʀa nɔmˀəʁ
Boxkampf	boksekamp, -en, -e	'bʌgsə'kamˀp
Freilichtbühne	friluftsteater, -et, -e	'fʀiləfdste'aːˀdəʁ
Fußballplatz	fodboldbane, -n, -r	'foðbʌld'baːnə
Fußballspiel	fodboldspil, -let	'foðbʌld'sbel
Garderobe	garderobe, -n, -r	gaʁdə'ʀoːbə
Golfplatz	golfbane, -n, -r	'gʌlˀf'baːnə
Hockeyspiel	hockeyspil, -let	'hʌki'sbel
Kabarett	kabaret, -ten, -ter	kaba'ʀe
Kartenverkauf	billetsalg, -et, -	bi'lɛtsalˀɣ
Kasse	kasse, -n, -r	'kasə
Kino	biograf, -en, -er	bio'gʀaːˀf
Konzert	koncert, -en, -er	kɔn'sæʁt
Kulturfilm	kulturfilm, -en, -	kul'tuːˀʁ'filˀm
Liegestuhl	liggestol, -en, -e	'legə'sdoːˀl
Loge	loge, -n, -r	'loːsjə
Lustspiel	komedie, -n, -r	ko'meðˀjə
Nachtlokal	natklub, -ben, -ber	'natklub
Oper	opera, -en, -er	'oːˀbəʀa
Operette	operette, -n, -r	ɔbə'ʀɛdə
Operngias	teaterkikkert, -en, -er	te'aːˀdəʁ'kigəʁd
Orchestersitz	orkesterplads, -en, -er	ʌʁ'kɛsdəʁ'plas
Paddelboot	kano, -en, -er	'kaːno
Parkett	parket, -tet, -ter	paʁ'kɛt
Pferderennen	hestevæddeløb, -et, -	'hɛsdə'vɛðə'løːˀb
*(Theater-)*Platz	plads, -en, -er	plas
Platzanweiser*(in)*	*(kvindelig)* kontrollør, -en, -er	('kvenəli) kʌntʁə'løːˀʁ
Programm	program, -met, -mer	pʀo'gʀamˀ
Rang	etage, -n, -r	e'taːsjə
Rennbahn	væddeløbsbane, -n, -r	'vɛðəløbs'baːnə
Rettungsring	redningsbælte, -t, -r	'ʀɛðneŋs'bɛldə
Revue	revy, -en, -er	ʀɛ'vy
Ringkampf	brydekamp, -en, -e	'bʀyːðəkamˀp
Ruderboot	robåd, -en, -e	'ʀoːˀbɔːˀð
Sandstrand	sandstrand, -en, -e	'sansdʀanˀ
Schauspiel	skuespil, -let, -	'sguːəspel
Schwimmbad	svømmebassin, -et, -er	'svøməba'sɛŋ
Schwimmweste	svømmebælte, -t, -r	'svømə'bɛldə
Segelboot	sejlbåd, -en, -e	'sailbɔːˀð
Skier	ski	sgiːˀ
Sonnenschirm	parasol, -len, -ler	paʀa'sʌlˀ
Spielkasino	spillekasino, -et, -er	'sbeləka'siːno
Spielplan	repertoire, -t, -r	ʀɛpæʁtu'aːʁ
Stadion	stadion	'sdaːˀdjʌn
Start	start, -en, -er	sdaːˀʁd
Strandkorb	strandkurv, -en, -e	'sdʀankuːˀʁv
Tanzbar	danserestaurant, -en, -er	'dansəʀɛsdə'ʀaŋ
Tennisplatz	tennisbane, -n, -r	'tɛnis'baːnə
Textbuch	tekstbog, -en, -bøger	'tɛgsd'bɔŭˀ
Umkleidekabine	omklædningsrum,-met,-	'ʌmklɛðˀneŋs'ʀɔmˀ
Untertitel	filmtekst, -en, -er	'filˀmtɛgsd
Vorverkauf	forsalg, -et, -	'fʌːʁsalˀɣ
Wertsachen	værdigenstande	væʁ'digɛnsdanə
Wochenschau	ugerevy, -en, -er	'uːəʀɛ'vy
Ziel	mål, -et, -	mɔːˀl
Zirkus	cirkus	'siʁkus
Zoologischer Garten	zoologisk have	soo'loːˀgisg 'haːvə

Stichwortregister